Von Mensch zu Mensch begegnen
Bildung & Erziehung im Aufbruch

(Band 1)

Marion Elisabeth Hopfgartner

Copyright © 2016 *Marion Elisabeth Hopfgartner*

All rights reserved.

ISBN-10: 3950364161
ISBN-13: 978-3950364163

INHALT

1	Unsere heutige westliche Gesellschaft	Seite 1
2	Verantwortungsbewusstes Handeln	Seite 11
3	Der Mensch und seine ersten Entwicklungsjahre	Seite 33
4	Entwicklungssensitive Begleitung	Seite 43
5	Von Mensch zu Mensch	Seite 55
6	Der Mensch und seine Lern- und Erfahrungswelt	Seite 67
7	Dem Leben stellen	Seite 77
	Anhänge	Seite 81

BUCHERSCHEINUNGEN

Tatsächlich – der 1. Tag ist da	©2013
The Lelek Idea	©2014
Kind – du bist einzigartig	©2015
Mit Kindern von Herz zu Herz leben	©2016

WEITERBILDUNGEN

Informationen zu **ONLINE** Aus- & Weiterbildungen sowie Live Seminar & Kurse finden Sie auf:

www.lelek-edu.net

Besuchen Sie unsere **Online-Kurse** oder **Live-Seminare** im Bereich *Zeitgemäße Erziehung*.

VORWORT

An einem strahlenden Tag als Elfjährige saß ich auf einem Stein im Wald und dachte über die Menschen und ihren Umgang miteinander nach.

Geprägt wurden diese Gedanken von der Beobachtung einer sehr harmonischen Beziehung zwischen meinen Großeltern. Diese brachten mir – wie vermutlich alle Omas und Opas der 70er- und 80er-Jahre, die noch Zeit hatten – eine offene, wertschätzende, respektvolle und annehmende, sowie unendlich geduldige Haltung entgegen.

Auf Grund der starken Beziehung zu diesen beiden Menschen, die im elterlichen Haus lebten, und des starken Glaubens, den sie mir vorlebten, hat mich das Leben von Heiligen und Propheten schon in sehr frühen Jahren beschäftigt. Ich war beeindruckt, von ihrer Art mit Menschen umzugehen. Diese liebevolle, respektvolle Haltung jedem Wesen gegenüber hat mich tief berührt, und so saß ich auf dem Stein und träumte von einer Welt, die erfüllt ist – nur mit solchen Menschen. Auch entschloss ich mich an diesem Tag, selbst so ein Mensch zu werden.

Im Laufe des Heranwachsens haben auch mich die Erwachsenenwelt und die Herausforderungen des Alltags eingeholt. Der Traum ist somit ein wenig relativierte sich inzwischen und das Versprechen, selbst zu einem Mensch dieser Qualität zu werden, erachte ich inzwischen als Lebensaufgabe. wohl ein lebenslanges an sich Arbeiten geworden.

Es wurde mir auch bewusst, dass jeder Mensch täglich an seinen Gewohnheiten, Ängsten, Ablehnungen und Glaubenssätzen, arbeiten sollte, um sich zu einem respektvollen Menschenwesen zu entwickeln.

Die Kinder unserer Welt werden mit offenen Augen und Ohren geboren. Sie kommen sozusagen "wertfrei" hier auf Erden an. Es ist unsere Chance, sie so zu begleiten, dass die Weltoffenheit, die Neugier und die Neutralität in ihnen erhalten bleiben.

Wenn es uns gelingt,

- ihre Neugier an Neuem und Unbekanntem,
- ihre Liebe für die menschlichen Wesen und
- ihre respektvolle und wertschätzende Haltung allem und jedem gegenüber beizubehalten ...

... so werden wir zu friedvolleren Lebens- und Arbeitsbeziehungen gelangen und somit eine friedvollere Gesellschaft und Welt erschaffen.

Die Welt ist nicht nur in den Händen der Industrie, Wirtschaft und Politik – sondern auch in der Hand von allen Eltern, Großeltern, Pädagogen sowie Lebens- und Wegbegleitern. Kinder zu begleiten, ob als Eltern oder beruflich, ist somit eine große Verantwortung.

Wir sind nicht dazu da, Kinder „einfach nur" großzuziehen. Es ist viel mehr als das: Wir haben den Auftrag, am Frieden dieser Welt und an einem liebevollen Miteinander bestmöglich mitzuwirken.

Nehmen wir diesen Auftrag an und betrachten wir jeden Tag mit Kindern als einen „werte-vollen" Tag für die Erfahrung des inneren Friedens und des Schaffens von mehr Frieden auf dieser Welt.

Danke, dass Sie sich entschieden haben, dieses Buch zu lesen und sich mit den Inhalten wertfrei und offen zu beschäftigen. Dieses Buch ist das erste von vier Bänden zu diesem Thema.

Ihre Marion Elisabeth Hopfgartner

Von Mensch zu Mensch begegnen

Von Mensch zu Mensch eine Brücke bau'n...
dem anderen tief in die Augen schau'n ...

In jedem Menschen das Gute seh'n ...
und nicht ... an ihm vorüber geh'n!

- *Kinderlied*

Bildung & Erziehung im Aufbruch

KAPITEL 1

UNSERE HEUTIGE WESTLICHE GESELLSCHAFT

Was wollen wir vom Leben?

Noch nie schien die Welt so voll von Möglichkeiten und doch scheint es viele Menschen zu geben, die mit einzelnen Bereichen ihres Lebens unzufrieden sind.

Es gibt unzählige Diäten und mehr Menschen mit Gewichts- und Ernährungsproblemen als je zuvor.

Es gibt mehr Therapie-Möglichkeiten und medizinische Errungenschaften, aber die Zahl der kranken Menschen nimmt eher zu als ab.

Es gibt die Meinungsfreiheit in der westlichen Welt und doch entscheiden unzählige Menschen, sich nicht zu entscheiden oder keine Meinung zu haben.

Wir sind auf einer Höchstleistung von Medien, Technik und den daraus resultierenden Möglichkeiten angekommen.

Trotzdem scheint es so, als gäbe es mehr gestresste Menschen und Burn-out, als zu Zeiten, wo der Mensch jene Arbeit, die heute Maschinen übernehmen, noch selbst machte.

Es gibt mehr Möglichkeiten für Bildung und Weiterbildung als je zuvor – und trotzdem steigt die Rate an Menschen, die orientierungslos in ihrem Bildungsweg und in ihrer Berufswahl sind.

Es gibt unzählige verschiedene Modelle und Ansätze im Bereich Bildung und Weiterbildung, in der Kinderbetreuung und den Schulsystemen – und doch finden wir immer wieder Kinder in Systemen betreut, die nicht auf deren Bedürfnisse abgestimmt sind.

Was machen wir nun mit dieser Erkenntnis und gesellschaftlichem Status quo?

Ein Möglichkeit ist, wir lehnen uns jetzt gemütlich zurück und reden uns auf die immer schlechter werdende Wirtschaft, die undurchsichtige Medienwelt, den unberechenbaren Arbeitsmarkt und die rechtlichen Rahmenbedingungen aus, die scheinbar uns alle zum Opfer der Zeit und zu Gefangenen des Systems machen.

Das Heute als Chance

Wenn eine Gesellschaft erkennt, dass Veränderung vor der Tür steht, so beinhaltet dies auch die große Chance zum Aufbruch und Neubeginn.

Wie eine zarte Blüte im Frühling kann sie ihre Blätter aus dem Boden strecken und vorsichtig und schrittweise zum Wachsen und Entfalten kommen.

Diese Zeit bietet den Rahmen für neues Denken und neues Wirken. Neues kann erprobt werden. Meinungen und Ideologien können überdacht und neu definiert werden.

Überlegen wir zu Beginn einmal wohin wir wollen.

Fragen Sie sich:

- Was erwarten Sie sich von der Gesellschaft?
- Was wollen Sie für Ihr Kind?
- Was ist Ihnen wichtig weiterzugeben und weiterleben zu lassen?
- Wie möchten Sie mit heranwachsenden Menschen leben, arbeiten und sein?

Bildung und Erziehung nehmen einen wesentlichen Einfluss darauf, was heranwachsende Menschen kennen lernen und somit in ihre Glaubenswelt integrieren.

Die Kinder von heute sind mit ganz anderen sie umgebenden Bedingungen konfrontiert, als die Kinder vor zwanzig Jahren.

Einerseits wirken Medien über Smartphone, Fernsehen, Computerspiele immer früher auf die Kinder ein. Andererseits gibt es immer mehr Eltern, die bewusst mit ihren Kindern den Ausgleich in der Natur suchen.

Einerseits wird die Zahl jener Kinder, die scheinbar nicht mehr in das Regelmodell Kindergarten und Schule passen immer größer, andererseits suchen immer mehr Eltern nach alternativen Möglichkeiten zum klassischen Bildungsmodell.

Wir können uns jetzt darauf versteifen, Kinder so hinzubiegen, dass sie doch wieder in das bekannte Regelmodell passen und doch bemerken wir, dass dies langfristig nicht die Lösung ist.

Wenn wir heranwachsende Menschen genau beobachten, so werden wir gerade bei scheinbar "verhaltensauffälligen" oder "ADHS" Kindern erkennen, dass ein anderer Rahmen des Lernens und sich Bildens zu einer hohen Balance der Symptome führen kann.

Diese Kinder sind sehr oft in ganzheitlichen Bildungsansätzen gut integriert und ihr Verhalten ist ausgeglichen und als "normal" erkannt.

Wenn ich nur darf, wenn ich soll
aber nie kann, wenn ich will,
Dann kann ich auch nicht, wenn ich muss.

Wenn ich aber darf, wenn ich will,
dann mag ich auch, wenn ich soll,
und kann ich auch, wenn ich muss.

Denn merke:
Die können sollen, müssen auch wollen dürfen!

- Johannes Conrad

Sie entscheiden mit

Als Eltern und pädagogische Fachkräfte sind wir ein Teil der Entscheidungslinie und nehmen mit dem, was wir tun oder nicht tun, großen Einfluss auf den heranwachsenden Menschen.

Wir entscheiden, in welches pädagogische Modell das Menschenkind eintritt und wie dieses Kind gebildet und zum Erwachsensein begleitet wird.

Die Möglichkeiten, die sich den Kindern dieser Zeit auftun und die Chancen und Türen des Lebens, die sich ihnen öffnen, werden von den Ideen, Meinungen und Erfahrungen, welche heranwachsende Menschen kennenlernen, gestaltet.

Mütter und Väter also entscheiden über die Form der Begleitung, die der kleine Mensch zu Hause und außerhalb der eigenen vier Wände erfährt.

Nicht immer ist der nahe gelegene Platz der optimale für das Kind. Die freie Wahl der Betreuungsform kann für Eltern ein großer Vorteil sein, vor allem dann, wenn sie aktiv an der "Form" der pädagogischen Betreuung mitentscheiden wollen.

Menschen in pädagogischen Berufen entscheiden sich mit der Wahl ihrer Arbeitsstelle für ein Modell, in dem sie tätig werden und wirken wollen.

Die Wahl des Arbeitsplatzes ist somit sehr eng mit der Idee verknüpft, wie sie die Zeit mit Kindern verbringen und die Inhalte gestalten wollen. Grundlage hierzu sind die verschiedenen pädagogischen Richtungen.

Die Wahl eines pädagogischen Ansatzes, den wir bei den Kindern einsetzen, soll auch immer die eigene persönliche Entwicklung des Menschen weiter fortsetzen. Das Modell muss zu seiner Persönlichkeit passen. Das hilft die Authentizität im beruflichen Alltag zu leben.

Die Vielfältigkeit in den Zugängen ergibt sich aus der Unterschiedlichkeit der Menschen, ihren Vorstellungen und Ideen. Jeder Mensch unterscheidet sich in seinem Sein und in der Betrachtung von Leben, Erziehung, Begleitung, Zielen und Alltagsabläufen. Dieser vielfältige Ausdruck der Menschen eröffnet einen breiten Wirkungsgrad.

Jeder Einzelne gestaltet die Bildungslandschaft mit, indem er „Ja" zu einem Modell sagt.
Je mehr Menschen „Ja"
zu einem pädagogischen Modell sagen –
Fachkräfte wie Eltern –
desto stärker kann es sich in der Welt festigen und bestehen.

Oft haben wir das Gefühl, dass die Entscheidung eines Menschen keinen großen Einfluss auf das Gesamtereignis hat. Durch den historischen Rückblick erkennen wir allerdings, dass jede einzelne Entscheidung und Meinung eine Auswirkung auf unser Umfeld und sogar auf große Gruppen von Menschen haben kann.

Es ist vielleicht nicht einfach.
Die Entscheidung ist nicht immer leicht.
Die Wahl wird nicht immer die preiswerteste oder die am meisten an die Gesellschaft angepasste sein.

Und letztendlich wird es nicht für jeden Menschen der gleiche Weg sein.

Bildung in dieser Zeit

Bildung ist ständig im Umbruch. Man könnte sagen, Bildung ist in den verschiedenen Zeitepochen immer wiederkehrend im Aufbruch.

In Zeiten des Aufbruches kommt es oft zu einem vollkommenen Sinneswandel. Dieser schlägt meist in das vollkommen andere Extrem aus. Wandel pendelt sich schlussendlich in einer gesunden und balancierten Form ein.

In den letzten hundert Jahren bewegten wir uns von der autoritären, zur behavioristischen, bis hin zur laissez fairen Erziehung, um dann wieder zurück zu "Kinder brauchen Grenzen" und zum demokratischen Erziehungsstil zu kommen.

In Bildungseinrichtungen von heute braucht es die Flexibilität, sich immer weiter von der autoritären[*] Einrichtung zu entfernen und zum demokratischen Miteinander zu kommen.

Immer mehr Menschen, Wissenschaftler und Länder machen sich Gedanken darüber, ob die Form und die Art der Bildung, wie wir sie bisher lebten, wirklich sinnvoll ist. Somit hat sich der Wind erneut gedreht.

Die Chance etwas Neues entstehen zu lassen ist da.

---

[*] *Autoritär*: *der Gruppenleiter gibt den Inhalt und Lehrstoff vor, alle beschäftigen sich mit einem Wissensgebiet oder Material*
Demokratisch: *mit den Kindern gemeinsam zur Lösung kommen und in freier selbstverantwortlicher Arbeit zu sein.*

Durch die Erkenntnisse der Wissenschaft haben AlternativpädagogInnen mehr Rückenwind bekommen.

Gerade deshalb sind jetzt viele im Aufbruch eine neue Form der Bildung einzuleiten und zu begleiten und genau deshalb entsteht dieses Buch zu diesem Zeitpunkt.

Eltern und pädagogische Einrichtungen sollen heute den Auftrag annehmen, den heranwachsenden Menschen zu einem selbstsicheren Menschen, der seine Entscheidungen bewusst trifft, zu begleiten.

Die Leistungsorientiertheit und das Konsumdenken hat in unserer Gesellschaft überhand genommen. Doch der Mensch ist nicht nur Käufer, Einkäufer und Verkäufer.

Durch die ganzheitliche Begleitung junger Menschen und die Möglichkeit ganzheitlich zu leben, soll mehr Balance zwischen wirtschaftlichem Bedürfnis und sozialem Miteinander entstehen.

Bildung hat auch den Auftrag, die heranwachsenden Menschen zum Nachdenken über die wesentlichen und wichtigen Aspekte des Menschseins anzuregen. Wie wollen wir unser Familienleben gestalten? Welche gesellschaftlichen Strukturen bestimmen den Alltag der Menschen?

Es ist wichtig, dass Bildung viel Zeit und Engagement in die ganzheitliche Entwicklung der Menschen legt. Der Aspekt, einander von "Mensch zu Mensch" zu begegnen und über das Leben nachzudenken sowie an einer friedvollen Gesellschaft mitzuwirken, kann den gesellschaftlichen Wandel einleiten.

Die Einzigartigkeit jedes Menschen muss als Chance und nicht als Problem betrachtet werden. Unterschiedliche Meinungen und Stimmen zu hören und wirklich hinzuhören, was die Bedürfnisse und Interessen hinter den Aussagen sind - dürfen wir wieder lernen.

Dieses Buch soll auch dazu anregen, in unserem Alltag mit Kindern und Jugendlichen mit Bewertungen achtsamer umzugehen. Es kann nicht nur die eigene Meinung, oder jene Meinung, welcher die meisten Menschen zustimmen, als richtig bezeichnet werden.

Dass der Mensch mit anderen Menschen grundsätzlich in Harmonie leben möchte und das freudvolle Miteinander sucht, ist die Grundannahme jedes guten menschlichen Zusammenlebens:

> *„Welche Form des Miteinanders wollen wir eigentlich?"*
> *"Wie wollen wir miteinander leben"*

In einer Zeit, wo ALLES in Veränderung ist, wo Kulturen sich vermischen, Völker wandern und Menschen in immer größeren Ballungszentren mit unterschiedlichster Tradition und Religion zusammenleben, brauchen wir neue Strukturen und ein großes Ausmaß an Toleranz.

Beginnen wir die Welt als bunt zu betrachten und sie miteinander zu einem besseren Zuhause zu gestalten.

Bildung & Erziehung im Aufbruch

KAPITEL 2

VERANTWORTUNGSBEWUSSTES HANDELN

Was ist Alternativpädagogik?

Laut Wikipedia ist die …

Alternativpädagogik eine Sammelbezeichnung für Pädagogik außerhalb des "Mainstreams der Pädagogik" und der Erziehungswissenschaften.

Hier wird oftmals der Versuch gestartet eine neue Form des Miteinander zu erschaffen oder sich und die Umgebung zurück zu den ursprünglichen Wurzeln zu bringen.

Alternativen in der Erziehung und Bildung

Alternativpädagogen werden das, was zum Wohle der Menschheit und der individuellen Entwicklung entstehen soll, in den Vordergrund stellen.

Bildung soll es für das heranwachsende Lebewesen möglich machen, seine inneren Stärken nach außen zu bringen und voll zu entfalten.

Sowohl in der Reformpädagogik als auch in der neu entstandenen Alternativpädagogik sehen die Erwachsenen den Auftrag, den heranwachsenden Menschen nicht nur zu bilden, sondern auch zur Menschlichkeit und einem guten sozialen Miteinander zu begleiten.

Sie möchten Kinder zu selbständigen, starken Persönlichkeiten, die ihre Stärken erkennen und leben können, begleiten.

Noten, Frontalunterricht in Schulen, sowie Gruppenaktivitäten für alle Kinder, exakt vorgegebene Arbeitsmaterialien, Arbeitsblätter, geplante Aktivitäten in Kindergärten und die Konformität aller Kinder ohne Betrachtung ihrer individuellen Bedürfnisse in Kindertageseinrichtungen, sind der Reform- und der Alternativpädagogik fremd.

Alternativpädagogik fordert Kinder auf zu fragen und zu hinterfragen. Sie begleitet die Kinder und fokussiert sich auf die lösungsorientierte Betrachtung von Situationen. Die Rolle des Erwachsenen ist vergleichbar mit einem pädagogischen Coach.

Kinder lernen wieder sich miteinander oder allein zu unterhalten und zu lernen. Alternativpädagogik regt die "freie" Kreativität des Kindes an und stellt somit einen weiten Rahmen zum Experimentieren und selbst Erleben zur Verfügung.

Der Umgang mit Menschen und Werten, mit der Umwelt, der Natur, den Nahrungsmitteln, mit Besitz und mit Geld wird zum natürlichen Alltag und in die Erlebenswelt des Kindes eingebunden.

Kinder nehmen Anteil am alltäglichen Leben. Die Wertschätzung und Erarbeitung von Werten steht im

Vordergrund. Gerade bis zum Schulalter haben wir die Chance dem Kind neben Wissen vor allem ein liebevolles, achtsames Miteinander zu vermitteln.

Alternativpädagogik ist nicht grenzen- oder rücksichtslos!

In der Alternativpädagogik gibt es Regeln und Grenzen. Wir brauchen diese für ein harmonisches Miteinander. Sie finden Anwendung im gemeinsamen Kommunizieren, Arbeiten und miteinander Leben.

Gerade dann, wenn der Rahmen, in dem sich die Kinder bewegen, sehr frei ist, muss die Basis die gemeinsame Erarbeitung von Regeln und Grenzen sein.

Dazu muss Zeit und Platz in einer Gruppe sowie in der Familie geschaffen werden. Im nächsten Band dieser Buchreihe beschäftigen wir uns mit dem "Sozialen Dialog"[*] als ein Instrument der Begegnung zwischen Menschen.

Diese Regeln sollen für alle stimmig sein und Platz für freies Entwickeln und höchste Potentialausschöpfung lassen.
Sie sind klar zu formulieren und sowohl vom erwachsenen Menschen, als auch vom jungen Menschen ein-

---

[*] *Mehr Information im Band 2 – Von Herz zu Herz*

zufordern.

Der heranwachsende Mensch „reibt" sich an den vereinbarten Regeln. Sie bieten ihm die Chance, Grenzen auszuloten und seine Individualität zu erfahren.

Er fordert vereinbarte Grenzen und Regeln ein und möchte, dass alle sich an diese halten. Er lernt durch die Konsequenz, die durch das Nichteinhalten von Regeln und Grenzen entsteht.

Das Freie Lernen

Flieg kleiner Vogel, du bist frei,
öffne die Tür und lebe!

Flieg der Sonne entgegen aber gib acht.
Sieh, was das Leben mit dir macht.
Lass dich nicht blenden!

Flieg kleiner Vogel flieg hinauf zu den Bergen
und immer weiter zu den Sternen,
Dorthin wo die Träume sind.

Flieg kleiner Vogel und sei frei.
Sieh nach vorne und nie zurück.
Sieh nach vorne und finde dich ...
Ein Zurück gibt es nicht.

- Cicicnare*

In der Alternativpädagogik steht das "Freie Lernen" im Vordergrund. Neurobiologen, die sich intensiv mit

---

* *Entnommen aus Regenbogenwald e.V. Website, Gedichte*

den Geschehnissen innerhalb unseres Gehirns beschäftigen, haben festgestellt, dass wir mit einem unendlichen Ausmaß an unerschöpflichen Fähigkeiten geboren wurden.

Wir haben alles von Geburt an mitbekommen, was uns zu Höhen aufsteigen und zu Genies werden ließe. Warum also geschieht es nicht?

Die von uns vorgegebenen Lernwege und Lernformen, die wir Kindern bieten, schränken es in seiner Ausschöpfung des innewohnenden Potentials ein.

Das Kind hat also den unersättlichen Drang, lernen und mehr wissen zu wollen. So wagt es sich immer weiter in die Welt des Unbekannten hinaus, um letztendlich die Welt mit ihrer Wissensfülle zu erobern.

Beim heranwachsenden Menschen versiegt dieser Wissensdrang und bei manchen Erwachsenen ist dieser innere Wunsch nach Potentialentfaltung vollkommen verschwunden.

In unseren engen Erziehungs- und Bildungsmodellen, wird schon sehr früh die Freiheit des Entdeckens, Forschens, Experimentierens und des sich Selbst-Erfahrens, eingeschränkt. Das ist sehr schade, denn diese Aktivitäten sind Ausdruck natürlichen Lernens.

Sobald Kinder dem Rhythmus des Erwachsenen oder einer Gruppe folgen müssen, kann es seine eigenen Fähigkeiten nur mehr bedingt entfalten.

Das Kind erhält fertige Ergebnisse.

In der Alternativpädagogik geschieht genau das NICHT!

Dinge werden nicht vor-gestaltet, sondern sie entstehen aus dem Kind heraus oder gemeinsam.
Fragen werden nicht vorweggenommen, sondern es wird angeregt sich darin zu vertiefen und mehr aus sich selbst herauszuholen.

Die Idee ist hier, dass das Kind, der Jugendliche oder auch der Erwachsene vor allem

- durch das selbst Tun und Erschaffen,
- durch Ausprobieren und sich Irren,
- durch das Tun mit Freude und
- durch die eigene Begeisterungsfähigkeit

… am einfachsten, schnellsten und intensivsten lernt.

Durch die vorhandenen Ergebnisse der seit dem zwanzigsten Jahrhundert angewandten reformpädagogischen Richtungen, weiß man heute, dass Lernen sehr effektiv durch Einsatz von verschiedenen didaktischen und methodischen Ansätzen geschehen kann.

Es gibt nicht nur einen Weg. Was gerade heute in unserer Welt immer wichtiger wird, ist die Fülle an Möglichkeiten zu erkennen, zu nutzen und zu erkunden.

Im "Freien Lernen" gibt der Erwachsene die Inhalte des Lernens nur bedingt oder gar nicht vor. In manchen Konzepten wird den Kindern eine Lernlandschaft oder eine sogenannte "vorbereitete Umgebung" zur Verfügung gestellt.

In wieder anderen Modellen des "Freien Lernens" übernehmen die Kinder und Jugendlichen sogar die Gestaltung der Umgebung teilweise oder ganz. Das beginnt bereits ab dem dritten oder vierten Lebensjahr und vertieft sich mit steigendem Alter.

Im Bereich des "Freien Lernens", der Alternativpädagogik und der Reformpädagogik finden wir bekannte und weniger bekannte Modelle, die dem Kind dabei helfen wollen, seine Flügel auszubreiten und in unendliche Höhen zu schwingen. Dazu gehören zum Beispiel:

- TLI - The Lelek Idea
- Situationsorientierte Pädagogik
- Pikler Pädagogik
- Pädagogik nach Rebecca Wild
- Natur- und Waldpädagogik (*Waldkinder*)
- Die Montessoripädagogik
- Die Waldorfschulen nach Rudolf Steiner
- Die Freilerner
- Die Freiraumschulen
- Das Freinet Modell
- Die Schetininschule
- Reggio Pädagogik
- Lernwerkstatt
- und viele anderen Einzelprojekte …

Die Basis des gemeinsamen Lernens ist das tiefe Vertrauen zu den Heranwachsenden.

Wir müssen wieder damit beginnen, Kinder zu vertrauen und ihnen etwas zuzutrauen.

Bei Einsatz von alternativen Modellen ist die Basis des Miteinanders eine gute Beziehung, in der wir das Kind kennenlernen und ihm begegnen.

Die Begegnung führt zu einer starken Vertrauensbasis zwischen Kind und Erwachsenem. Dem Kind bietet dies Sicherheit und die Gewissheit nicht allein gelassen zu werden. Der Erwachsene wiederum kann dem Kind erlauben, sich frei zu entfalten.

Unsere ständige Angst, dass Kinder nicht gebildet genug, nicht erfolgreich genug und nicht perfekt genug werden könnten, hemmt unsere Sicht auf die Großartigkeit des Kindes und was in ihm schlummert.

Dieses gewonnene Vertrauen macht es möglich, Kindern bei ihren Experimenten die Fähigkeit des Selbstlernens, Selbsterkennens, Selbstentdeckens, Selbstgestaltens zuzutrauen.

Dieses Vertrauen ist das Fundament, in dem der heranwachsende Mensch seine Kreativität entfalten und ausleben kann.

Regeln sind die Grundlage des gemeinsamen Schaffens

Der Grundsatz beim Grenzen setzen lautet:

Fest sein, ohne zu herrschen …
Konsequent sein, ohne zu drohen …

So werden Kinder befähigt, Grenzen zu erkennen, sich an ihnen zu reiben, sie aber auch zu überwinden.

Dies setzt Erwachsene voraus, die das vorleben.

Notwendiger denn je ist
Mut und Ermutigung zum Grenzen setzen.

- *Von Jan Uwe Rogge, Kinder brauchen Grenzen, ©1993*

Wenn wir entscheiden, heranwachsende Menschen auf einem alternativen Weg zu begleiten, so besteht neben der Vertrauensbasis die Notwendigkeit, gemeinsam Regeln zu setzen und diese regelmäßig neu zu definieren und zu stecken.

Gerade wenn wir Kindern viel Platz für freies Lernen und Entwickeln geben, braucht es parallel dazu auch klare und leicht einhaltbare Grenzen und Regeln.

Grenzen und Regeln müssen also kristallklar wie Wasser, sicher und stabil wie ein Felsen aber auch reflektierend wie ein Spiegel und wenn notwendig veränderbar wie die Farbe eines Chamäleons sein.

Der heranwachsende Mensch übt hier sehr gut die Selbsteinschätzung. Diese braucht er in all seinem

Tun innerhalb des freien Lernens.

Unter Einsatz des sozialen Dialoges, der im nächsten Band dieser Buchreihe erklärt wird, können wir Situationen vor- und nachbesprechen.

Schon ab dem vierten Lebensjahr können Regeln sehr einfach mit Kindern besprochen und gemeinsam festgelegt werden.

Die geistige Reife ist nun soweit ausgeprägt, dass Dinge selbst erarbeitet werden können. Die Kinder haben nun die Kapazität erlangt, sich daran zu erinnern und auch daran zu halten.

Gemeinsam vereinbaren alle Beteiligten diese Regeln und versprechen einander, sich daran zu halten. Das Versprechen ist bindend für alle.

Heranwachsende Menschen sollen aktiv daran teilnehmen, Grenzen und Regeln
- kennen zu lernen,
- zu verstehen,
- mitzugestalten,
- einzuhalten,
- auf Regelverstoß aufmerksam zu machen und
- Regeln mit zu verändern.

Das Versprechen Regeln einzuhalten, sind gemeinsam mit der Akzeptanz von Fehlern, wesentliche Übungen
- für gute Selbsteinschätzung,
- den Aufbau eines guten Selbstwertes und

Selbstvertrauens und
der Unterstützung von Klarheit und Offenheit.

Kinder können ihre Stärken und Schwächen kennenlernen.

Es ist die Aufgabe, dem heranwachsenden Menschen verständlich zu machen, dass manche Regeln und Grenzen altersabhängig sind.

Jüngere Menschen sind nicht immer in der Lage, alle festgelegten Grenzen und Regeln einzuhalten und ältere Menschen brauchen manche Regeln nicht mehr.

Hören wir damit auf, von Kindern unterschiedlichen Alters, das gleiche Verhalten zu verlangen. Beginnen wir damit jedes Kind individuell zu betrachten.

Manchmal sind Kinder zwar eines Alters, aber unterschiedlicher sozialer Reife. Auch in diesem Fall dürfen wir nicht das gleiche Ergebnis erwarten.

In einer Gruppe ist jeder Mensch dafür verantwortlich, dass es Regeln gibt und Abläufe eingehalten werden.

Kinder lernen auf diesem Weg auch die Selbstverantwortung und ein gewisses Maß an Disziplin, das im gesellschaftlichen Miteinander notwendig ist.

Braucht es Disziplin?

> *Wer Disziplin hält, weiß was er tut.*
> *Wer sich diszipliniert verhält,*
> *weiß nur, was andere tun!*
>
> *- Erhard Blanck*

Alles, was mit Disziplin in Verbindung steht, wird vom erwachsenen Menschen oft als unangenehme Pflicht betrachtet.

Allein die Idee, seinen Körper gesund zu ernähren, ist für viele Menschen nicht mehr natürlich und selbstverständlich.

Im Gegenteil – es sind nur wenige Menschen, die selbstverständlich und mit Leichtigkeit ein Gleichgewicht im Leben haben und die gesunden Lebensmittel in den Vordergrund stellen.

Wonach also greifen wir? Nach dem fünften Glas Wasser, das uns lebenswichtige Quelle ist, oder nach dem fünften Glas Bier und Wein, das uns vielleicht kurzfristig Entspannung verschafft?

Greifen wir nach einer Karotte und einem Apfel oder bevorzugen wir die süße Torte und das Stück Schokolade?

Im Laufe der Zeit eignet sich der Mensch eine gewisse Trägheit an. Sehr oft finden wir dies schon bei heranwachsenden jungen Menschen.

Der Körper wird faul und schwer* und tendiert zu jenen Dingen, die ihm kurzfristige Befriedigung aber langfristig einen kranken Körper schaffen.

Viele Menschen wollen sich nicht mehr so sehr bewegen und aktive Disziplin ist erforderlich, den physischen Körper gesund, entspannt und aktiv zu halten.

Parallel dazu sinkt mit der Trägheit auch die Begeisterung und das Interesse, Neues zu entdecken und zu erforschen.

Erlaubt der Mensch der Trägheit seinen Körper oder Geist zu beherrschen, reduziert sich seine Fähigkeit das volle Potential auszuschöpfen, sein inneres Genie zu entfalten und nach außen wirken zu lassen.

Disziplin ist somit in vielen Lebensbereichen ein großer Faktor für das Erhalten des eigenen Wohlsein. Die Disziplin wird manchmal in ihrer Wichtigkeit für das allgemeine Wohlbefinden des Menschwerdens und Menschseins unterschätzt.

Sie ist ein absolut notwendiges Instrument zum Heranreifen und auch, um zu einem Menschen in seiner Ganzheit zu werden.

Disziplin steht in Verbindung mit Wiederholung, Ausdauer, Durchhaltekraft, Zielstrebigkeit und Fokus. Alles, was wir wiederholt und mit Begeisterung tun, wird ein Teil von uns.

---

* Schwer ist hier nicht gleichzusetzen mit Übergewicht, sondern mit der Veränderung in Bewegung und Flexibilität.

Kognitives, emotionales und soziales Lernen bedeutet das ständige Wiederholen und Üben einer Handlung, solange bis sie voll integriert ist. Es bedeutet auch aus Fehlern zu lernen und es erneut zu versuchen.

Dann erst wird sich das Erlernte in unser Leben und Handeln eingliedern und integrieren. Die Kraft der Wiederholung ist unfassbar effektiv und wird vom Kind schon in jungen Jahren angewendet, ohne dass Erwachsene es ihm beibringen.

Das Kleinkind beschäftigt sich von Beginn an mit einem „Ding" solange, bis alle Lern- und Entwicklungsimpulse vollkommen aufgenommen und integriert sind. Es ist die natürliche Übung der Disziplin.

Je jünger der Mensch, desto mehr scheint seine Disziplin von innen heraus zu entstehen und gesteuert zu sein. Diese Eigenmotivation treibt – wie ein Motor – den kleinen Menschen an, das zu tun, was seiner Entwicklung dienlich ist.

Ein Kind will sich aus seinem Inneren heraus bewegen, entdecken oder erfahren.

Schon das Neugeborene bringt ganz natürlich die Disziplin auf, Bewegungen immer und immer wieder zu wiederholen. Dies geschieht solange bis sie mit dem Körper verschmelzen, eins werden und somit den Menschen zum krabbelnden und dann zum gehenden Lebewesen auf zwei Beinen machen.

Dabei dient die ständige Wiederholung dem Lernen, sowie dem Erinnern von Bewegungen und dem Abspeichern der Abläufe im Gehirn. Es scheint, dass Faulheit und Bequemlichkeit im Kleinkind nicht existieren.

Das heranwachsende Menschenwesen hat den inneren Impuls, sich so viel wie möglich anzueignen. Es erwirbt dadurch Kenntnis über die Abläufe und Funktionsweisen von allem, was es umgibt.

Im Laufe des Heranwachsens werden diese Impulse aus dem Inneren schwächer oder verstummen sogar ganz. Dies müsste nicht passieren. Es geschieht vor allem dann, wenn das Kind in seiner kreativen Aktivität und seinem Erforschungs- und Experimentierdrang eingeschränkt wird oder ihm diese Aufgaben abgenommen werden.
Die Bildungsstrukturen der heutigen Zeit konfrontieren den Jugendlichen und Erwachsenen regelmäßig mit fertigen Ideen, vorgefertigten Meinungen und der Aufforderung zu viele Fragen besser zu unterlassen.

Alles, was den kreativen Geist anregt, hat wenig Platz in der täglichen Routine des Lebens und Lernens. Leben und Lernen scheinen heute vor allem zur Weitergabe von Wissen zu dienen.

Wir haben hoch gebildete Menschen, aber oft ist da kein "Mensch" mehr, den wir von "Mensch zu Mensch" wahrnehmen, spüren und begreifen (*angreifen*) können.

Auch Überforderung, hoher Leistungsdruck und Projekte, mit geringen Erfolgsmomenten ermüden die Begeisterung des Heranwachsenden an einer "Sache" dranzubleiben.

Lernen wird für viele zum Hürdenlauf ohne Pause. Die Freude am Lernen verringert sich. Der innere Drang und die aus dem Inneren kommende Disziplin, die das Entfalten des vollen Potentiales möglich macht, verstummt.

Im Heranwachsen wird sichtbar, dass vor allem jene, die

- eine positive Lebenseinstellung,
- Wagemut,
- die Neugier und
- den kreativen Geist

… beibehalten, Freude am "Lernen durch Wiederholung" und "Lernen durch Versuch und Irrtum" haben.

Disziplin kann somit auch als die bewusste und selbstverständliche Annahme von Verantwortung für uns, unser Leben und unser Umfeld verstanden werden.

So wie wir als Erwachsene die Welt betrachten, so werden Kinder die Welt betrachten. Unser Denken positiv zu halten, erfordert große Disziplin, vor allem dann, wenn wir von wenig positiven Menschen umgeben sind oder die Medien uns mit frustrierenden Informationen überschütten.

Im Heranwachsen in der heutigen Gesellschaft und

Wirtschaft, ist es daher unumstößlich, dass der Mensch Disziplin in sein Leben integriert.

Das beinhaltet:

- Die Disziplin der Bewegung, um seinen Körper gesund zu erhalten.
- Die Disziplin im Umgang mit Finanzen, um seine finanzielle Stabilität gesund zu erhalten.
- Die Disziplin im Ausleben von Emotionen, um seine Beziehungen gesund zu erhalten.
- Die Disziplin der geistigen Hygiene, um geistig gesund zu bleiben.
- Die Disziplin, sich mit seiner spirituellen Wurzel zu verankern, um seelisch gesund zu bleiben.

Auch Beziehungen entstehen nicht nur durch ein gemeinsames Treffen und der Vereinbarung eine Beziehung einzugehen.

Freunde, Partner, Arbeitsbeziehungen müssen gepflegt werden, wenn sie gesund und stark werden wollen. Es braucht Disziplin, um eine Beziehung aufrecht zu erhalten.

Verantwortung für seine Handlungen übernehmen

Die Bereitschaft immer wieder mit Menschen in Beziehung zu treten, trägt dazu bei, gute zwischenmenschliche Beziehungen aufzubauen.

Es erfordert Disziplin, sich Zeit für Beziehung zu nehmen. Es braucht Menschen, die Verantwortung für ihr Handeln und ihre Handlungen in einer Beziehung übernehmen.

Der heranwachsende Mensch interessiert sich für die Aktivitäten der großen Menschen und liebt es Verantwortung zu übernehmen. Er möchte mitwirken und ein Teil des gemeinsamen Miteinander sein.

Die Fähigkeit, Verantwortung zu erkennen und anzunehmen, ist in jedem Lebensalter unterschiedlich.

Dabei ist ein wesentlicher Aspekt, dass die heranwachsenden Menschen verantwortungsbewusste Erwachsene beobachten und erleben können. Dabei lernen sie ein hohes Maß an Verbindlichkeit und Verantwortung kennen.

Die heranwachsenden und jungen Menschen in einer Gruppe sollen lernen, dass jedes einzelne Gruppenmitglied Verantwortung dafür hat, dass ein liebevolles, achtsames und wertschätzendes Miteinander stattfinden kann.

Alle sind somit aufgefordert, Verantwortung für das eigene soziale Handeln zu übernehmen. Fehltritte anderer sollen wahrgenommen und respektvoll von "Mensch zu Mensch" kommuniziert werden.

Tipp für die Übernahme an Verantwortung

> *Der heranwachsende Mensch kann Verantwortung für die kleinen Dinge seines Lebens übernehmen.*

Dazu gehören ganz alltägliche Dinge, wie zum Bespiel:

- das Wissen, wo Gegenstände hinzuräumen sind,
- der achtsame Umgang mit unserer Umwelt,
- das ordentliche Aufbewahren von Kleidung und Schuhen,
- das Ordnung halten bei Spiel- und Arbeitsmaterialien,
- das achtsame Umblättern eines Buches oder das achtsame Hinstellen eines Trinkglases,
- das Abdrehen des Wasserhahnes, des Lichts, sowie das Spülen der Toilette,
- der liebevolle Umgang mit anderen Kindern und der achtsame Umgang mit den sehr jungen Kindern in einer Gemeinschaft
- u.v.m.

Veränderung umarmen und begrüßen

Der heranwachsende Mensch darf lernen, die Veränderung zu umarmen und mit großer Begeisterung anzunehmen.

Es ist die Aufgabe des Erwachsenen, im Kind die Fähigkeit sich zu begeistern und weiterentwickeln zu wollen, zu erhalten. Die Veränderung bringt den nächsten Schritt.

Letztendlich wird nichts bleiben wie es war.

Das Leben ist konstante Veränderung, denn jeder Entwicklungsschritt bringt auch neue Perspektiven, Sichtweisen und Lebensumstände mit sich.

Das, was nach der Veränderung kommt, ist ungewiss, daher scheuen wir oft davor zurück.

Dennoch braucht es Veränderung, um mehr Fähigkeiten zu erwerben. Würden wir ein Leben lang im gleichen Trott bleiben und Dinge gleich tun, so würde die Entwicklung immer langsamer werden und nur noch unmerklich statt finden.

- Das ständige Tun,
- die andauernde Beschäftigung mit Neuem und Unbekanntem,
- der offene Umgang mit sich verändernden Lebenssituationen

… braucht eine enorme Lernbereitschaft.

Sie verleiht dem jungen Menschen die Fähigkeit sich schnell, einfach und in kurzer Zeit viel Wissen anzueignen. Die Veränderung soll daher jeden Tag begrüßt werden.

Alternativpädagogen ermutigen die Kinder und Jugendlichen

- alles zu erforschen,

- kennen zu lernen,
- darauf zuzugehen,
- behutsam zu betrachten,
- sich langsam mit dem Unbekannten bekannt zu machen und
- Spaß an der veränderten Situation

… zu haben.

Als Menschen beginnen wir mit der Geburt einen Entwicklungsweg, der sich ein Leben lang fortsetzen wird.

Es gibt keinen Tag und keinen Moment in einem Menschenleben, wo Lernen und Entwickeln gestoppt wird. Sie verändern sich in ihrer Form und bringen immer neue Facetten der Entwicklungsmöglichkeit zum Vorschein.

Bildung & Erziehung im Aufbruch

KAPITEL 3
DER MENSCH UND SEINE ERSTEN ENTWICKLUNGSJAHRE

Alles beginnt mit dem ungeborenen Menschen!

*Das Glück eines Kindes beginnt
lange bevor es geboren wird,
im Herzen von zwei Menschen,
die einander sehr gern haben.*

- Phil Bosmans

Religionen und verschiedene Traditionen geben Ideen und Ansichten darüber weiter, wie es zum neuen Menschenleben kommt. Was wir bestimmt wissen ist, dass es zur Vereinigung von Ei- und Samenzelle kam.

Ab diesem Moment hat Entwicklung auf der physischen Ebene begonnen und in nur neun Monaten wurde ein hochkomplexer Körper geschaffen. Dieser besteht aus unzähligen sich selbst regulierenden und erhaltenden Systemen und Funktionen.

Noch immer braucht es den Mutterleib für die vorgeburtliche Entwicklung.

In diesen neun Monaten wird das Ungeborene über eine starke Bindung zur Mutter genährt.

Diese Bindung besteht vor allem durch die Nabelschnur. Eine Verbindung, ähnlich einem untrennbaren Seil, nährt das Kind. Sie sorgt dafür, dass es heranwachsen kann und die lebensnotwendigen Nährstoffe vorhanden sind.

Weiters ist heute bekannt, dass eine tiefe Verbindung zwischen Mutter und Kind besteht. Durch diese Verbindung übernimmt das Ungeborene die emotionellen Schwingungen der Mutter.

Somit erlebt es bereits im Mutterleib eine intensive Prägung durch die gelebten Emotionen*. Traumata und Schock haben – genauso wie die sanfte, liebevolle, ruhige „Seinswelt" einer werdenden Mutter – eine Auswirkung auf den ungeborenen Menschen.

Erstaunlich ist jedoch, dass dieser ungeborene Mensch in einer Hülle ohne Sauerstoff heranwächst und von der Nabelschnur am Leben erhalten wird. Ist er doch dazu gedacht, sein Menschenleben lang zu atmen und Nahrung selbständig aufzunehmen?

Nach der Geburt wird dieses Menschenkind allerdings abrupt selbstständig atmen und Nahrung aufnehmen müssen.

Heute ist uns bekannt, dass der ungeborene Mensch durch Töne, Klänge und andere umgebende Einflüsse berührt und geprägt wird. So nimmt er bereits an der Außenwelt teil.

Sogar die Berührungen, welche die Mutter während der Schwangerschaft erfährt, bewirken Reaktionen

---

* Siehe Anhang 1: Das Gehirn

beim Ungeborenen.

Der neugeborene Mensch

Welch ein Wunder ist hier in neun Monaten geschehen? Ist es nicht so, dass jedes Mal, wenn ein kleines Lebewesen geboren wird und wir es in Händen halten und betrachten, ein großes Staunen auf unseren Gesichtern haben müssten?

Das Gehirn, die Atmung, der Herzschlag, die Temperaturkontrolle und vieles mehr kann von diesem Neugeborenen bereits ohne Zutun von außen gesteuert und ordnungsgemäß abgewickelt werden.

Das Menschenwesen kann fühlen, riechen, sehen, schmecken, tasten und auch Schmerzen empfinden.

Seine Sinneswahrnehmung wird sich im Heranwachsen verändern und entfalten. Es kann aber auch verkümmern und latent werden. Das hängt vor allem von der Prägung durch seine Umgebung ab.

An dem Tag, an dem das kleine Menschenwesen geboren wurde, kam es zur Abtrennung einer starken lebenserhaltenden Bindung – der Nabelschnur.

Das Neugeborene ist nun physisch mit einem eigenständigen Körper ausgestattet. Dennoch ist der neugeborene Mensch vom Erwachsenen abhängig. Er kann noch nicht selbst für sein Überleben sorgen.

Das emotionelle Band bleibt eine wichtige Verbindung zwischen der Hauptbezugsperson und dem Neugeborenen *(Symbiose)*. Neugeborene nehmen über diese emotionelle Bindung intensiv wahr, wie es der Mutter geht und reagieren sofort auf das Wohlbefinden des Erwachsenen.

Was braucht dieses neugeborene Menschenwesen, um gut und gesund heranzuwachsen?

> *Dieses neue Leben braucht*
> *Nahrung, Schutz und eine Wohlfühlatmosphäre,*
> *die es von den es umgebenden Menschen*
> *zur Verfügung gestellt bekommt.*
> *Das verursacht ein Gefühl der*
> *Sicherheit und des Angekommenseins.*

Bis zur Mitte des letzten Jahrhunderts herrschte die behavioristische Auffassung vor, wonach Eltern mittels Belohnung in Form von Nahrung das Verhalten eines Kindes konditionieren. Zuwendung meinten sie, würde eher schaden. Der Film „Kinder ohne Liebe", der nur wenige Male ausgestrahlt wurde, zeigt, dass die kollektive Kindererziehung ohne Liebe dem Kind die Fähigkeit, sich voll zu entwickeln, nimmt.

Harlows Versuch mit Affenbabys zeigte klar, dass kleine Äffchen Schutz bei der Stoffmutter suchten, die ihnen eine geborgene Atmosphäre vermittelte. Diese kleinen Äffchen lehnten die Drahtmutter, die sie „nur" ernährte - im Falle von Angst ab.

Auch mit Säuglingen wurde bereits im Mittelalter experimentiert und das Kaspar-Hauser-Syndrom zeigt die Notwendigkeit von Zuwendung, Liebe und Nähe auf.

> *Diese Studien sagen aus,*
> *dass die reine Nahrungszufuhr*
> *(ohne menschlicher Zuwendung)*
> *beim Säugling zu seinem Tod führen.*

In der zweiten Hälfte des zwanzigsten Jahrhunderts änderte sich die Meinung in der westlichen Welt endgültig.

Man war jetzt davon überzeugt, dass ein neugeborenes Menschenwesen ohne das Vorhandensein von großen Menschen, die ihm Aufmerksamkeit, Beachtung, Liebe und Geborgenheit schenken – schwer überleben kann.

Das bedeutet, dass alle Menschen ein „gewisses Maß" an Aufmerksamkeit und Zuwendung durch zumindest eine Person erhalten müssen, um überhaupt zu überleben.

Der Mensch geht also vom ersten Tag seines Lebens Verbindungen zu anderen Menschen ein. Er baut auf die Nähe, die Liebe und die Geborgenheit seiner Umgebung auf. Es braucht ein Wahrgenommenwerden als Mensch und lebendiges Wesen.

Das Ausmaß an Zuwendung und Geborgenheit, die ein Säugling erfahren hat, zeigt sich laut Psychologie, als eine starke oder schwache Form des Urvertrauens in einen Menschen.

Das Angenommensein baut eine Basis für ein stabiles Leben. Weiters zeigt die Psychotherapie immer wieder die Zusammenhänge zwischen der fehlenden Nähe oder Sicherheit und der im späteren Leben entstehenden Suchtanfälligkeit auf.

> *Die Form des Vertrauen,*
> *die in den ersten Lebensmonaten und Jahren aufgebaut wird,*
> *ist Basisenergie im Umgang mit den Menschen*
> *und im Vertrauen zu ihnen.*

Jeder Erwachsene, der bereits einmal ein Neugeborenes in seinen Händen hielt, spürt, dass dieses neue Leben bereits am ersten Tag seine ganz eigenen Grundzüge mitbringt.

Es sind bereits Temperament, eine Grundstruktur der Persönlichkeit, sowie eine Form der Sensitivität im kleinen Menschen vorhanden.

Folgende Punkte werden das Kind ein Leben lang begleiten und dienen als Grundlage für alle Entwicklungsschritte:

- Die eigene vorhandene Persönlichkeitsstruktur
- Die erfahrene Aufmerksamkeit in der ersten Lebenszeit
- Die Lernerfahrungen im Umgang mit anderen Menschen während der ersten Jahre.

> *Das Gehirn speichert die Information
> und baut das Leben und die Beziehungen
> (beruflich wie privat) auf diesen Erfahrungen auf.*

Erkennen Erwachsene dies als Grundlage der Entwicklungsbegleitung an, so möchten diese dem kleinen Kind eine individuelle, entwicklungssensitive Umgebung zur Verfügung stellen.

Jedes heranwachsende Kind kann dann seine individuellen Erfahrungen machen und wird in dieser Umgebung seine Einzigartigkeit aufrecht erhalten können.

Der Mensch in seinen ersten Lebensjahren

Die Entwicklung des Kindes nimmt unterschiedliche Wege. In den ersten Lebensjahren kann der Mensch Zeit und Raum noch nicht bewusst wahrnehmen.

Wir können die Lebensphasen in etwa wie folgt einteilen[*]:

Ersten beiden Lebensjahre	Entwicklung des physischen Körpers und unbewusste Entwicklung des sozialen Verhaltens
Zweites bis drittes Lebensjahr	Starke Ich-Entwicklung mit Fokus auf Selbststärke
Ab dem dritten Lebensjahr und ein Leben lang	Bewusste emotionelle Reife
Ab dem vierten *(noch intensiver fünften)* Lebensjahr bis zum Lebensende	Entwicklung der kognitiven Reife *(das freie Denken und der hohe Geist)*

Die Angaben in dieser Tabelle werden hier im Buch in den unterschiedlichen Kapiteln genauer erklärt.

Ständig und ein Leben lang, erhält das Gehirn Impulse aus der Umgebung, verarbeitet und speichert diese.

---

[*] *Natürlich sind dies hier nur „in etwa" Angaben. Die Autorin hat dies beobachtet. Sie möchte aber darauf hinweisen, dass alle Menschen sich sehr individuell entwickeln.*

In den ersten Lebensjahren geschieht dies wie oben erwähnt vor allem „unbewusst". Das heißt, die kognitive *(geistig, intellektuelle)* Reife ist noch nicht so weit fortgeschritten, dass eine bewusste Verarbeitung möglich ist.

Das Kleinkind nimmt Einflüsse ungefiltert auf und speichert diese als Erlebnisse. Geprägt wird das gespeicherte Erlebnis von den positiven oder negativen Emotionen, die das Kind wahrgenommen hat. Diese Erlebnisse sind im späteren Leben als Programme bekannt und beeinflussen unser Leben.

Als erwachsener Mensch können wir uns kaum an die Erlebnisse der ersten Kinderjahre erinnern (*Kindheitsanamnese*).

Sich nicht zu erinnern bedeutet aber nicht, dass die Informationen nicht da sind. Sie sind tief gespeichert.

Alle Bewegungsabläufe, alle emotionalen Erlebnisse sind im Gehirn und in jeder einzelnen Zelle aufgezeichnet.

Siegmund Freud beschreibt die Unterschiede bei Erinnerungen. Er erklärt, dass die Erinnerungen der ersten Lebensjahre, die der Kindheitsamnesie zugeordnet werden, jene Erinnerungen sind, die im Unbewussten unverändert weiterleben.

Das Kind in den ersten drei Lebensjahren braucht eine Umgebung, die es kennenlernen kann, wo entdecken möglich ist, und wo außerordentlich viele Erfahrungen gesammelt werden können.

Es ist gerade in dieser Zeit wichtig, dass Erwachsene dem Kind nicht ihre Geschwindigkeit auferlegen, sondern sich an die Geschwindigkeit des Kindes anpassen. Dies gilt für Dinge des Alltags genauso wie für emotionelle und geistige Lebensinhalte.

Das Kind braucht seinen Rhythmus. Die Verarbeitung von Information durch das Gehirn passiert in seiner ihm eigenen Geschwindigkeit und ist bei jedem Kind sehr individuell.

Da wir wissen, dass Erinnerungen mit positiven Emotionen gute Gefühle für die Zukunft bauen, ist es auch wichtig, dass wir als Erwachsene täglich Situationen einplanen, wo Kinder große Freude, Begeisterung und positive Spannung erleben können.

KAPITEL 4

ENTWICKLUNGSSENSITIVE BEGLEITUNG

Das Umfeld beeinflusst die Entwicklung eines Menschenwesens

Alles, was wir für uns selbst tun,
tun wir auch für andere …
und alles, was wir für andere tun,
tun wir auch für uns selbst.

- Thich Nhat Hanh

Beobachten wir die Menschen auf der Straße, bei Gesprächen, bei Ämtern und Behörden so können wir erkennen, dass die zwischenmenschliche Begegnung in unserer westlichen Gesellschaft zunehmend an Bedeutung verloren hat.

Forschungsergebnisse, technische und fachspezifische Erkenntnisse sind wichtiger geworden als der Mensch selbst. Innerhalb dieser Welt lernt und entwickelt sich der Heranwachsende.

Das Umfeld, mit welchem die Menschen auf ihrem Weg des Heranwachsens in Berührung kommen, ist sehr unterschiedlich.

Während manche Eltern sehr bedacht sind, Kinder nicht mit Computer, Smartphone und anderem Medienequipment in Berührung zu bringen, stehen andere Eltern diesen elektronischen Geräte sowie dem Medienkonsum offen gegenüber.

Auch die Ausprägung der Persönlichkeit wird wesentlich durch das Umfeld und das, was dieses als „normal" oder „korrekt" oder „in Ordnung" bezeichnet, beeinflusst.

Wie sich der Mensch in seinem Heranwachsen entwickeln wird, ist somit ein Zusammenspiel vieler Faktoren.

Entwicklungssensitive Begleitung bedeutet, jeden einzelnen Menschen individuell *(von Mensch zu Mensch und von Herz zu Herz)* zu betrachten.

Erfahrungen sammeln sowie das Reifen sind Prozesse, die niemals aufhören, die nicht gestoppt werden können und die je nach Alter unterschiedlich ablaufen.

Zur entwicklungssensitiven Begleitung muss das Umfeld, in dem der Mensch heranwächst, betrachtet werden.

Ziel ist es, die verschiedenen einwirkenden Komponenten zu einem harmonischen Klang zusammenzuführen.

Dies geschieht für jedes einzelne Kind. Daher ist entwicklungssensitive Begleitung individuell auf die Bedürfnisse und Entwicklungsschritte jedes Einzelnen abgestimmt.

Betrachten wir den heranwachsenden Menschen von

der Ebene der entwicklungssensitiven Begleitung, so realisieren wir, dass es nicht für jeden Menschen das gleiche Bildungsmodell und Bildungssystem geben kann.

Auch können wir erkennen, dass die Konformität nur auf Kosten der freien Entwicklung des einzelnen Menschen geschehen kann.

Bildung soll daher den Aspekt der Individualität viel mehr in den Vordergrund stellen.

Was bedeutet entwicklungssensitiv noch?

Die entwicklungssensitive Begleitung ist eine Betrachtungsweise, die folgende Aspekte beinhaltet:

- Sie betrachtet jeden Menschen in seiner Einzigartigkeit. Sie gibt der Individualität eines Menschen in jeder Lebensphase die Chance, sich zu entfalten.

- Sie sieht den Menschen in seinem „Jetzt"-Sein.

- Sie betrachtet die Vergangenheit, das bereits Erlebte (*Freude wie Schmerz*) und die daraus resultierenden Verhaltensweisen.

- Sie orientiert sich an der Idee, dass jeder einzelne Entwicklungsabschnitt eine andere Form der Begleitung braucht.

- Sie filtert die wesentlich wichtigen Komponenten für eine gute und mensch-orientierte Begleitung heraus.

- Die entwicklungssensitive Begleitung beobachtet und lässt das Beobachtete wirken.

- Es geschieht ein „Hin*fühlen*" und sich „Hin*spüren*" zum anderen, zu seiner Befindlichkeit, sowie zum Gesamtzustand.

- Das Alter rückt in den Hintergrund. Der Mensch mit seinen Bedürfnissen und seinem "Seinszustand" in den Vordergrund.

- Die entwicklungssensitive Begleitung erlaubt unterschiedliche Wege des Umgangs miteinander, der Sprache und des Einander-Begegnens, um sich in eine Gemeinschaft eingeladen zu fühlen und dort anzukommen.

- Sie führt Getrenntes, unter Berücksichtigung des freien Willens jedes Einzelnen, zusammen.

- Entwicklungssensitive Begleitung kann somit auch bedeuten, dass ein zweijähriges Kind eine Schere in der Hand hält und ein vierjähriges Kind mit dem scharfen Messer schneidet.

- Sie orientiert sich am Interesse und der momentanen Begeisterung des Menschen, sowie an seiner momentanen Erlebniswelt.

- Entwicklungssensitive Begleitung beinhaltet, dass Erwachsene wahrnehmen, was sich von ihrem Verhalten in den heranwachsenden Menschen überträgt und somit zur Basis dessen Zukunft wird.

- Weiters beinhaltet entwicklungssensitive Begleitung das Bewusstsein zu erlangen, dass wir einen heranwachsenden Menschen nicht nur in seinem momentanen Sein begleiten, sondern auch den Erwachsenen, der sich aus diesem Kind entwickeln wird.

- Entwicklungssensitiv bedeutet im weiteren Sinne, dem Kind auf Grund seines gesamten Seins und der mitgebrachten Erfahrungen, die optimale Umgebung zu bieten.

Obwohl, wie schon erwähnt, das Baby in den ersten Lebensmonaten noch sehr intensiv mit der Entwicklung seines eigenen Körpers beschäftigt ist, wissen wir heute aus vielen Studien von Neurowissenschaftlern, dass schon in den ersten Lebensmonaten die Umgebung einen großen Einfluss auf das Baby nimmt.

Wollen wir die entwicklungssensitive Begleitung mit Worten beschreiben, so würden wir Worte wie, Sanftmut, Achtsamkeit, gefühlsbetont, still, zärtlich …und ähnliche, verwenden.

Entwicklungssensitiv beginnt daher am Lebensanfang und wird ein begleitendes Instrument für den Menschen in all seinen Altersstufen.

Die großen und kleinen Menschen und die Impulse die aus der Umgebung kommen *(Traditionen, Umwelt, Religion, Verhaltenskodex, usw.)*, nehmen ab dem ersten Tag Einfluss und prägen es. Das Baby wird über das Annehmen dieser Informationen immer mehr zum Abbild der es umgebenden Menschen[*].

Wenn wir entwicklungssensitiv begleiten, so ist es wichtig, Entwicklungstabellen und Forschungsergebnissen ein wenig zur Seite zu legen.

Diese Normen der Gesellschaft müssen sehr wohl bekannt, aber dennoch weniger streng berücksichtigt werden, als dies zum gegebenen Zeitpunkt geschieht.

Wenn die Begleitung optimal auf das Kind abgestimmt wird, so kann Entwicklung in den meisten Fällen viel schneller passieren, als in den vorgegebenen strengen Regelmodellen.

In diesen strikten Modellen erleben alle zur gleichen Zeit die gleichen Entwicklungsangebote und sind daher gezwungen, gleiche Entwicklungsschritte zu machen. Individualität ist nicht oder nur wenig möglich.

Wir berauben mit dem Gleichmachen das Kind seiner freien Entwicklung. Das bedeutet dass die Freiheit, seine Entwicklungsschritte im eigenen Tempo zu machen, verloren geht. Somit geht ebenfalls die Freiheit, sich voll und ganz zu entfalten, verloren.

Die Erwachsenen werden in der entwicklungssensiti-

---

[*] *Siehe Experiment an der Yale Universität im Anhang 2*

ven Begleitung angeregt, über das, was das Kind in seiner momentanen Entwicklungsphase braucht, intensiv und gemeinsam nachzudenken.

Es kann in einem Bereich Jahre voraus sein, während es in einem anderen Bereich altersentsprechend oder sogar bei manchen Dingen noch mit Verhaltensweisen von jüngeren Kindern vergleichbar ist.

Mit dieser Betrachtungsform geht die Individualität nicht verloren.

In der entwicklungssensitiven Begleitung stellen wir den Menschen wieder in den Vordergrund.

Es beinhaltet, dass wir miteinander in Beziehung treten und einander wahrnehmen und spüren. Wir erlauben uns, einander zu erfahren.

Das ermöglicht uns die Bedürfnisse des anderen Menschen besser wahrzunehmen.

Gerade in einer Welt, wo Kulturen, Traditionen und Religionen sich mehr und mehr vermischen, müssen wir uns von alten Konzepten, die eine Gruppe von Menschen ausschließen, befreien.

Das Aufrechterhalten oder Schaffen von Frieden in allen Ländern soll ein zentraler Schwerpunkt der Erziehung und Bildung sein.

Dort, wo Toleranz und Akzeptanz, sowie die Neugierde, Neues kennen und erfahren zu lernen in den

Vordergrund treten, wird ein harmonisches Miteinander möglich sein.

Wir brauchen eine entwicklungssensitive Gesellschaft, die aufeinander zugeht.

Dies wird dann geschehen, wenn wir uns darauf einlassen, wahrzunehmen, was dieser eine Mensch, der uns gegenüber steht, jetzt gerade braucht und welche seine Interessen sind.

In dieser Form des Miteinanders können Menschen zusammen finden.

Entwicklungssensitiv ist bedürfnisorientiertes Begleiten

Als entwicklungssensitiv bezeichnen wir die Form der Begleitung, die sich an den Bedürfnissen des Kleinkindes orientiert.

Daraus resultierend ist es die Aufgabe des Erwachsenen dem Kind das zur Verfügung zu stellen, was es für seine Entwicklung braucht.

Um bedürfnisorientiert zu begleiten, braucht es Erwachsene, die flexibel sind und Veränderungen begrüßen.

Gerade in den Bildungseinrichtungen werden jene, die

starr zwanzig, dreißig Jahre die didaktischen und methodischen Wege der Vergangenheit aufrecht halten wollen, der entwicklungssensitiven Begleitung im Wege stehen.

Die entwicklungssensitive Begleitung soll den heranwachsenden jungen Menschen das zur Verfügung stellen, was optimal zur vollkommenen Reife in jedem speziellen Lebensabschnitt beiträgt.

Nur so können wir Heranwachsenden das Selbstvertrauen und die Fähigkeit in dieser neuen Zeit zu existieren, zu handeln und zu wirken, mitgeben.

Bereits Marshall Rosenberg weist uns in der *Gewaltfreien Kommunikation* darauf hin, dass all das, was ein Mensch, jung oder alt, tut, auf Grund eines dahinter liegenden Bedürfnisses geschieht.

Diese Bedürfnisse zu kennen ist die erste Aufgabe in der Begegnung von Menschen.

Um die Bedürfnisse zu erkennen, verwenden wir die Beobachtung, die sehr ausführlich im Buch *Kind - du bist einzigartig** beschrieben wird.

Diese Form des Beobachtens ist ein sehr achtsames, genaues "Hin-Schauen" und „Hin-Spüren", das den

---

* *Kind du bist einzigartig*, von *Marion Elisabeth Hopfgartner*, erhältlich auf amazon.de und auf www.lelek-edu.net

Menschen mit dem anderen in Berührung bringt.
Es ist wichtig zu erkennen, dass nicht alle Bedürfnisse immer erfüllt werden müssen. Es ist aber wesentlich, die Bedürfnisse zu erkennen und anzusprechen.

In dem Moment wo wir,
- beginnen, bedürfnisorientiert mit Kindern zusammen zu sein,
- ihnen die Chance geben ihre Bedürfnisse zum Ausdruck zu bringen und
- den Kindern vermitteln, dass wir sie in ihren Bedürfnissen ernst nehmen,

… werden Verhaltensauffälligkeiten, die gerade in der heutigen Zeit massiv zunehmen, geringer werden.

Nochmals soll darauf hingewiesen werden, dass Bedürfnisse nicht immer erfüllt, aber sehr wohl erkannt und ausgesprochen werden müssen.

Gerade in institutionellen Betreuungseinrichtungen kann bedürfnisorientiertes Zusammensein nur dann entstehen, wenn wir unsere bekannten, alten, gewohnten Strukturen loslassen.

Die alternativpädagogische Form der Begleitung wird möglich, wenn wir unsere standardisierten Abläufe überdenken und sie entwicklungssensitiv gestalten.

Dazu braucht es Veränderungen in Strukturen und Personenanzahl und Umdenken in Aus- und Weiterbildung sowie Planung.

Erwachsene brauchen ein hohes Maß an Flexibilität

und Anpassungsfähigkeit, denn Kinder sind flink und schnell in ihrer Entwicklung. Ständige Anpassung ist notwendig.

Das, was heute passiert und das, was dieser junge Mensch heute erlebt, verwendet sein Unterbewusstsein und diese Informationen werden die Basis allen weiteren Lernens.

Begleitpersonen müssen daher sensitiv werden und reflektieren.

Bildung & Erziehung im Aufbruch

KAPITEL 5

VON MENSCH ZU MENSCH

Das kleine Menschenwesen

Aus dem Baby wird ein Kleinkind und dieser kleine Mensch wird in seinem Geist und vor allem in seinem Fühlen und Wahrnehmen immer aktiver.

Nachdem im zweiten Lebensjahr der physische Körper und der Bewegungsapparat mit seinen Bewegungsabläufen wesentlich ausgeprägt ist, wird der Fokus immer mehr auf die emotionale Entwicklung gelegt.

Die „Ich-Ausprägung" begleitet vor allem den kleinen Menschen zwischen seinem zweiten und dritten Geburtstag.

In der Zeit der "Ich-Ausprägung ist eine sanfte Führung des Kindes notwendig. Es ist besonderes Augenmerk darauf zu legen, das "Ich" im Kind zu stärken, denn noch immer ist es in der Phase der Egozentrik.

In diesem Alter unterstützen wir daher das Kind dabei, in einer Gruppe von anderen Kindern zu existieren und helfen ihm die ersten Grundregeln des Umgangs mit anderen liebevoll zu erlernen.

Dabei sind wir uns bewusst, dass Kinder in diesem

Alter noch keine "Du" Orientierung erlernt haben.

Erst später im Leben ist es notwendig, das Kind zu einem liebevollen und achtsamen Miteinander bewusst zu geleiten.

> *Auch hier spielen das Umfeld und die erwachsenen Menschen, die diesen kleinen Menschen begleiten, eine wesentliche Rolle.*
> *Das Kind saugt förmlich alles, was es umgibt, auf.*

Ist das "Ich" in sich gefestigt, richtet nun das Kind seine Aufmerksamkeit immer mehr auf das „Du". Es nimmt gleichaltrige Kinder als Spielgefährten und in ihren emotionellen Befindlichkeiten wahr.

Der Mensch in unserer Gesellschaft

Geprägt durch das Umfeld, die Medien und vor allem die Ängste vor Unbekanntem, neigt der Erwachsene dazu, Dinge die unbekannt sind als unangenehm, nicht gewollt oder störend zu empfinden.

Menschen messen einander gerne auf Grund von Einkommen, Beruf, Kleidung und Religionszugehörigkeit.

Das, was wir im Leben erschaffen haben und wie ein Mensch lebt, wird allzu sehr bewertet. Gerne ignorieren Erwachsene den Fakt, dass all diese Dinge vom Menschen erschaffen wurden.

Es ist wichtig, Kindern das Bewusstsein zu vermitteln, dass der Mensch selbst getrennt von all diesen Dingen existiert.

Wir können gerne diese umgebenden Spielsachen der Erwachsenen nutzen, und dennoch soll der heranwachsende Mensch sich nicht damit identifizieren.

Familie, Liebe, Geborgenheit und ein Tag mit Mama oder Papa sind genau so schöne Geburtstagsgeschenke für ein Kind, als ein neues Rad, ein Auto oder eine Barbie-Puppe. Die Vermittlung dieser Grundwerte ist Aufgabe der Erwachsenen.

Der Mensch in seiner Grundstruktur

Der Mensch ist ein Wesen,

- der als Mensch geboren wird,
- der seinen Lebensweg mit allen seinen Herausforderungen beschreitet,
- der sich an seinem Umfeld orientiert,
- der durch die ihn umgebenden Menschen zum Menschen wird, und
- der durch das Zusammensein mit anderen Menschen seine Persönlichkeit entwickelt.

Entwickeln, Reifen und Wachsen geschehen in jedem Moment – von der Geburt bis zum Tod. Nichts passiert ohne Einfluss von anderen Menschen - Jungen wie Alten sowie auch der Umgebung.

Der Mensch in seiner Gleichheit

*Es kommt ein Tag,
da werden alle Menschen
aller Rassen, Farben und Bekenntnisse
ihre Unterschiede beiseite legen.*

*Sie werden sich in Liebe versammeln
und einander in Einheit die Hände reichen,
um die Erde und all ihre Kinder zu heilen.*

- Hopi Prophezeiung

Auf der Ebene "Mensch" als Körper kommen wir mit den gleichen Merkmalen zur Welt.

Betrachten wir für einen Moment, den physischen Körper ohne Kleidung.

Wenn wir diesen so betrachten, dann zeichnet sich der Erdenmensch durch

- zwei Hände,
- zwei Füße,
- ein Gesicht,
- Haut,
- Haare,
- Muskeln,
- Gewebe
- und vieles mehr,

… aus.

Auf dieser Betrachtungsebene spielt reich oder arm, groß oder klein keine Rolle. Der Mensch ist in seinem

Grundgerüst als Körper im Wesentlichen gleich und definiert sich über dieses Aussehen auch als menschliches Wesen.

Jeder Körper

- beschäftigt sich mit Nahrungsaufnahme,
- gibt verbrauchte Nahrung wieder ab,
- schläft und rastet und
- bewegt sich auf zwei Beinen.

Jeder Körper wurde geboren und wird sterben, egal was in der Zwischenzeit mit dem Körper geschieht und wie dieser eingesetzt wird. So also können wir einander von Mensch zu Mensch auf gleicher physischer Ebene begegnen.

Und doch ist schon der Körper jedes einzelnen Menschen auf diesem Planeten unterschiedlich in seiner Feinarbeit.

Gesichts- und Wesenszüge, Geschlecht, Knochenbau, Haar-, Augen- und Hautfarbe, Gewebssubstanz und viele anderer Merkmale machen den Körper einzigartig.

So ist sogar jeder unserer Fingerprints unterschiedlich. Er ist wie eine Unterschrift und jeder einzelne Mensch kann über seinen Fingerabdruck wieder erkannt werden.

Einerseits gleichen wir uns und andererseits unterscheiden wir uns. Wir sind alle Menschen einer Rasse und doch leben wir vollkommen unterschiedlich.

Die Gleichheit ist die Blockade der Individualität.

Die Theorie von der Gleichheit aller Menschen ist das Todesurteil für echte Freiheit!

- Axel Springer

Die alten Wege müssen an die Kinder und die Lebenssituationen, in denen sie sich in der heutigen Zeit befinden, angepasst werden.

Wir müssen von der Idee, dass alles gleich zu bleiben hat, abrücken und wir dürfen spielend auf mögliche neue Wege in der Bildung zugehen.

Wir können eine Vielfalt erschaffen, von der alle profitieren können. Das geschieht vor allem dann, wenn wir dem heranwachsenden Menschen in jedem Lebensalter

- seine Individualität erlauben,
- diese begrüßen und
- den Menschen einladen, seine kreative individuelle Art des Seins zu leben.

Die Programmierung von verschiedenen Bewusstseinsebenen im Menschen[*]

Wie schon früher in diesem Buch erwähnt, wirken Erinnerungen und Erlebnisse ein Leben lang auf den Menschen ein.

Sie können aus der unbewussten Ebene zu einem anderen Zeitpunkt des Lebens wieder hervorgeholt werden. Unbewusst wirken sie in ähnlichen Lebenssituationen und werden in Aktion gebracht.

Unabhängig davon, wie viele Erinnerungen an die ersten Lebensjahre in einem Menschen bleiben, speichern sich Informationen, Erlebnisse und Programme tief in die Struktur ein.

Psychotherapeuten sprechen davon, dass aktuelle Probleme und Störungen des Erwachsenen, möglicher Ausdruck von Konflikt und Trauma aus der frühen Kindheit sein können.

Der Mensch existiert also nicht getrennt in seinen Lebensphasen. Alles, was stattgefunden hat, wirkt immerwährend nach. Dies geschieht solange, bis der Mensch entscheidet das Stattgefundene durch therapeutische Sitzungen oder transformierende oder spirituelle Praktiken zu verändern, aufzulösen oder anzunehmen.

Über das Gehirn verarbeitet der Mensch seine Erinnerungen und Erfahrungen.

---

[*] *Mehr zu Programme der Kindheit - Siehe Anhang 3.*

Solange er seine inneren Erfahrungen und das Erlebte der Vergangenheit nicht reflektiert betrachtet, wird er trotz seines Erwachsenenalters in seinen Handlungen, Reaktionen und Aktionen immer gleichzeitig auch Kind sein.

Das Gehirn wird den Menschen das erlernte Verhalten aus der jeweiligen Altersspanne leben lassen. Es kann aber mit neuen Erfahrungen auf das Vorhandene aufbauen und Re-programmierung starten.

Deshalb kann eine psychotherapeutische oder psychologische Begleitung bei traumatisierten Personen sehr hilfreich sein.

Tipp zum Nutzen der Speicherungsfähigkeit des Gehirnes

*Wir empfehlen allen Begleitenden
durch diese ersten drei bis sechs Lebensjahre
besondere Achtsamkeit und Aufmerksamkeit
auf eine entwicklungssensitive Begleitung
und auf eine Reflexion des eigenen Handelns zu legen.*

Der Mensch in seiner Besonderheit

*Der kleine Prinz sagte:
"Was die Wüste wunderschön macht ist,
dass sich irgendwo eine Quelle des Lebens versteckt!*

- Antoine Sainte-Exupery

Jeder Körper erzählt seine Geschichte.
Jeder Mensch besitzt eine eigene Lebensgeschichte.

Jeder Mensch ist die Summe all seiner Erfahrungen und Erlebnisse und diese machen ihn zu einem einzigartigen Wesen auf diesem Planeten.

So wie jeder Körper in seinem Aussehen und somit in der Grundstruktur unterschiedlich gebaut ist, so ist auch jeder Mensch in seiner Persönlichkeit unterschiedlich.

Hier beginnt sich die Einzigartigkeit ihren Weg zu bahnen, denn jeder Mensch ist unvergleichlich in seinem Sein.

Diese Einzigartigkeit kann uns abschrecken und uns Angst machen, aber wenn wir einander von Mensch zu Mensch begegnen, so wird diese Einmaligkeit uns anziehen und neugierig aufeinander machen.

Wenn wir in der Lage sind, die Besonderheit eines Menschen zu erkennen, dann werden wir einander wirklich begegnen.

Wenn wir einander als Menschen begegnen, dann werden wir uns als lebendige Wesen mit Gefühlen und Stimmungen wahrnehmen.

Diese Betrachtung von "Mensch zu Mensch" wird in uns den Wunsch wecken mit dem anderen Menschen in Einklang zu leben. Wir wollen ihn als einzigartig wahrnehmen und erleben.

Dabei können wir uns nicht als „Etwas", das verändert, verbessert, gefördert und geschliffen werden muss, betrachten. Wir werden einander offen und mit einem gewissen Maß an Interesse und Intensität begegnen wollen.

Anregung zur Begleitung von Kindern in ihrer Individualität

Kinder tragen also eine natürliche Neugier in sich. Sie wollen alles und jeden kennenlernen und erfahren. Sie wundern sich wie es dazu kommt, dass die Hautfarbe des einen Menschen weiß und jene des anderen schwarz ist. Sie wollen begreifen, warum eine Person mit Freude und Begeisterung auf etwas reagiert, andere Personen aber mit Ärger oder Schmerz.

> *Nehmen wir uns die Neugier des Kindes zu Herzen und ermöglichen wir ihm –*
> *Menschen als Menschen zu erfahren und zu erleben.*
>
> *Es ist unsere Aufgabe, Kindern neutral die Fülle an Einzigartigkeit im Menschen zu vermitteln.*

Es ist auch die Aufgabe Kindern diese lebensneugierige Haltung bewahren zu helfen.

Dann werden sie einander auch als Erwachsene mit Neugier und Interesse begegnen und nicht mit Ablehnung und dem Wunsch alle und alles gleich zu machen oder sogar den anderen abzulehnen.

Es ist wichtig, dass Kinder nicht dazu gezwungen werden, die gleichen Ideen zu haben, die gleichen Meinungen zu bilden, die gleichen Ziele zu verfolgen und sich an den selben Menschen zu orientieren.

Sie dürfen in ihrem Lernen ihren individuellen Weg beschreiten und sich frei mit jenen umgebenden Menschen, Gegenständen, und Materialien beschäftigen, die sie in diesem Moment als interessant und entdeckenswert empfinden.

Alles und jeder ist Lernlandschaft, und das ein Leben lang. Denn, Lernen beginnt nicht und endet nicht. Es findet einfach statt – in jedem Moment eines Menschenlebens.

Auch als Erwachsene ist es uns möglich, zu dieser in den Kindern natürlich angelegten Neugier zurück zu kehren und jedem Menschen jeder Abstammung neutral zu begegnen.

Wir müssen uns dabei erlauben, unserer Intuition und unserem inneren Gefühl zu folgen, wie sehr und in welcher Geschwindigkeit wir uns auf jemand anderen einlassen können.

Geben wir einander die Chance, uns als Mensch zu erfahren.

Von Mensch zu Mensch ist eine Herzensangelegenheit

Ab dem Tag der Geburt sind wir als Erwachsene dem Kind Begleiter und Wegbereiter für sein Verhalten und seinen Umgang mit anderen großen und kleinen Menschen.

Wenn wir die Leistungen von Kindern vergleichen, ihr Verhalten mit Zuneigung belohnen oder Abneigung bestrafen, dann prägen wir die Grundkonzepte von Lobabhängigkeit und Leistungsorientiertheit im Kind. Diese werden zu einem Bewertungsschema heranreifen, welches der junge Mensch zur Einordnung von anderen Menschen und Situationen verwendet.

Das Kind wird sich immer in erster Linie an dem orientieren, was erwachsene Menschen vorleben.

Bleiben wir in diesem Bewertungs- und Vergleichsschema, so wird ein friedvoller Umgang miteinander in Familien, in Gemeinschaften, in Ländern und auf der Welt kaum möglich sein. Bewertung trennt.

Wer etwas richtig oder falsch macht, besser oder weniger gut kann, angepasst oder nicht angepasst lebt ... all diese Vergleiche stehen dem friedvollen Umgang miteinander im Weg.

Gehen wir davon aus, dass letztendlich jeder versucht, das Beste in seinem Leben zu erschaffen. Viele Faktoren beeinflussen das Resultat.

Von "Mensch zu Mensch" einander zu begegnen schließt das sich Annähern von "Herz zu Herz" mit ein.

KAPITEL 6

DER MENSCH UND SEINE LERN- & ERFAHRUNGSWELT

**Das kognitive Reifen
des heranwachsenden Kindes**

> *Kinder spielen
> aus dem gleichen Grund
> wie Wasser fließt ...
> und Vögel fliegen!*
>
> - Fred O. Donaldson

Von der ausschließlich körperlichen Entwicklung hat der Mensch sich den emotionalen Reifeprozessen zugewendet.

Parallel dazu ist er nun auch intensiv mit dem Reifen von Geist und Denken beschäftigt.

Etwa im beginnenden fünften Lebensjahr hat die kognitiven Entwicklung des Kindes eine Form angenommen, die sein Gehirn zu leuchtenden Punkten mit aktiven Lernquellen macht[***].

[***] *Diese Ausdrücke mögen wohl nicht naturwissenschaftlich perfekt sein, drücken aber genau die Beobachtungen der Autorin aus*

Die Neugierde bleibt auch hier wesentlicher Motor des Gehirns sich aktiv zu betätigen. Der kleine Mensch ist nun in seine Epoche des Erforschens, Experimentierens und Ausprobierens eingetreten.

Diese kann nun ein Leben lang bestehen bleiben, wenn die Umgebung ihn nicht stoppt, dämpft, hemmt oder diese Fähigkeit sogar unterbindet.

Der denkende Geist tritt immer stärker in den Vordergrund. Erkennbar wird dies durch die vielen „Warum" Fragen, die der Mensch an seine Umgebung oder später dann auch an sich selbst stellt.

Die Aufgabe des Erwachsenen ist nun, dem heranwachsenden Menschen eine Spiel- und Lernlandschaft zur Verfügung zu stellen, wo die Fragen des Warums durch das eigene Erarbeiten beantwortet werden.

> *Das Lernen passiert durch Material, Bücher,*
> *Online-Lernen und durch Experimentieren.*
> *Der Erwachsene ist nun nicht mehr*
> *Spielpartner des heranwachsenden Lebewesens.*

Spannende Erlebnislandschaften sowie die umgebenden Freunde dienen als Lehrmeister und Spielpartner für das Kind.

Die Fragen des „Warum" jedoch werden eifrig und

mit großer Wissbegierde an den älteren Menschen gestellt und Antworten werden erhofft.

Der junge Mensch hängt an den Lippen eines erfahrenen Menschen und möchte tiefer und tiefer in die Lern- und Erfahrungswelt der Erwachsenen eintauchen.

Er möchte Dinge in der Praxis ausprobieren und sehen, wie diese funktionieren, entstehen und auch vergehen.

Die Positionierung zum freien Lernen des heranwachsenden Menschen

Niemals sollte man irgendein Spiel,
das die Kinder sich ausgedacht haben,
verachten oder belachen,
sondern ihnen immer vollen Ernst entgegenbringen.

Bedenke doch, sie sind Erfinder!

Sie bekunden sich in ihren Spielen
als freie denkende Geister!

- Heinrich Lhotzky

Nicht nur die kleinen Wesen brauchen jetzt einen regen Geist. Auch die Erwachsenen sind aufgefordert, ständig darüber nachzudenken, wie sie Möglichkeiten finden, dem Kind eine Selbsterfahrungswelt zu bieten.

Erwachsene sollen sich hierzu beraten und gemeinsam kreative Ansätze und Ideen vorschlagen. Das Kind kann hier bereits aktiv eingebunden werden.

Das Kind ist nun schon in der Lage selbst Dinge zu erfahren, zusammen zu fügen, zu erlernen und auch selbst erste kleine Lösungen zu finden. Das soll es möglichst oft tun können.

Immer mehr wendet der heranwachsende Mensch in diesem Lebensalter den Fokus auf seine eigenen Fähigkeiten und Stärken.

Er braucht gerade in den Jahren vom fünften bis zum siebten Lebensjahr niemanden, der ihn durch Belehren eine perfekte und fertige Welt präsentiert.

Diese Eigenschaft wirkt kontraproduktiv zum kreativen, erweckten Geist im Kind. Es möchte Dinge nicht nur selber tun, sondern auch selbst herausfinden, erfahren, erleben, bewegen und erschaffen.

Wenn dieser Zeitpunkt gekommen ist, wird der Begleitende den heranwachsenden Menschen am besten unterstützen, indem er die Geduld aufbringt, ihm seine Lernerfahrungen selbst machen zu lassen.

Dazu kann der Erwachsene eine optimale Lernumgebung zur Verfügung stellen, in der das Kind die Chance hat viele eigene Erfahrungen zu machen, zu experimentieren und zu erforschen.

Auf Grund der bereits stattgefundenen Entwicklung und dem Heranreifen ist der heranwachsende Mensch bereit und fähig selbst Verantwortung für gewisse Handlungen zu übernehmen.

Diese Zeit ist eine sehr wertvolle Erfahrungswelt für das heranwachsende Menschenwesen. Hier entscheidet sich, ob es fremdgesteuert die Antworten des Erwachsenen übernimmt und akzeptiert, oder ob sein reger Geist die Dinge hinterfragt und selbst nachprüft.

Vor allem dann, wenn erwachsene Menschen den Kindern die Möglichkeit der Selbsterfahrung schenken, wird der Geist rege und aktiv bleiben.

Dabei ist die hohe Akzeptanz von Fehlern und Irrtümern notwendige Basis zur Entfaltung. Je mehr die Umgebung Fehler als Lernfelder begrüßen kann, desto einfacher wird Lernen durch Experimentieren.

Auch als erwachsener Mensch werden wir in einer Lernlandschaft, die uns diese Möglichkeit der Selbsterfahrung, durch das Lernen über Versuch- und Irrtum *(mit hoher Akzeptanz von Fehlern)* bietet, Freude am Lernen erhalten.

Diese Umgebung wird uns anregen, dass wir immer mehr wissen wollen und uns weiter entwickeln.

Tipp für Eigenverantwortliches Handeln

> *Um Kindern die Chance zu bieten,*
> *eigenverantwortlich handeln zu können,*
> *braucht es klare Strukturen und Regeln.*

Der junge Mensch braucht seine Welt

Das Heranwachsen des Menschen bringt ständige Veränderung und Anpassung mit sich.

- Der Körper ist in ständiger Veränderung,
- die Emotionen passen sich Lebenssituationen und Entwicklungsschüben an,
- das Denken ist aktiv und klar.

Hier bedarf es des ständigen Dialoges zwischen Erwachsenen und Kindern. Es ist wichtig, die Bedürfnisse und den Wissensdurst der Kinder herauszufinden.

Was der junge Mensch sich am besten einprägen wird, ist, was er im Spiel, durch die eigene Neugierde, im

Spaß, und durch das selbstorientierte Werken und Tun erfährt. Er kann seine Erfahrungen als Basis für den nächsten Lernschritt verwenden.

Der junge Mensch lernt über Verknüpfungen.

Alles, was an Wissen da ist, bildet das Fundament für den nächsten Lernschritt.

Kann das Gehirn das bereits Erlernte mit dem Neuen verknüpfen, dann kann Lernen stattfinden.

Jeder Mensch lernt in seiner individuellen Form und Geschwindigkeit.
Spaß und Begeisterung braucht nicht nur der kleine, sondern auch der heranwachsende junge Mensch sowie der ältere Mensch. Alle profitieren im freien Lernen durch Spaß und Neugierde.

So können auch erstellte Regeln und gesteckte Grenzen nicht von jedem heranwachsenden Menschen auf die selbe Art und Weise eingefordert werden.

Es braucht das beobachtende Auge, das Gespür auf der Herzebene und die Wahrnehmung für jeden Menschen in seiner Einzigartigkeit.

Die Fähigkeit sich an Regeln zu gewöhnen und sie in seine Persönlichkeit zu integrieren, ist bei jedem Menschen unterschiedlich.

Tipps fürs Lernen

Es ist die Aufgabe der großen Menschen in allen Jahren, aber ganz besonders ab dem fünften Lebensjahr, dem kleinen Menschen Materialien und Arbeitsgeräte zur Verfügung zu stellen, die ihm als optimale Basis des selbstorientierten Lernens dienen.

Junge Menschen werden durch die Handhabung dieser Materialien lernen, wachsen, reifen und die in ihnen vorhandenen Fähigkeiten und Kapazitäten erkennen und nutzen lernen.

Neue Verknüpfungen im Gehirn werden immer höhere kreative schöpferische Wege und Gedankengänge bewirken und der Spaß und die Freude am Tun regen die Lernprozesse weiter an.

Auch ist es wichtig, dass die begleitende Person dem kleinen Menschen jene Dinge zur Verfügung stellt, die er für sein Forschen braucht.

Alles Tun dient dem geistig-kognitivem Wachstum.

Der kleine Mensch wird mit all seiner Kreativität Möglichkeiten des Lernens erkennen und dafür soll er jederzeit beim Erwachsenen Unterstützung und Begleitung finden.

So wird jedes Kind, dem diese Umgebung geboten wird, seine Fähigkeiten ausprägen und verstärken.

KAPITEL 7

DEM LEBEN STELLEN

Dem Leben stellen

Aber das Leben ist traurig und zugleich feierlich.
Wir werden in eine wunderschöne Welt gelassen,
treffen uns hier stellen uns einander vor –
und gehen zusammen ein Weilchen weiter.
Dann verlieren wir einander und verschwinden
ebenso plötzlich und unerklärlich,
wie wir gekommen sind.

- *Johann Gaarder*

Der Mensch wird in seinem Leben von der Geburt bis zum physischen Tod vielen Aufgaben gegenüber treten.

Die Möglichkeit diesen Herausforderungen entgegen zu treten, bedeutet sich dem Leben zu stellen. Leben ist eine ständige Begegnung mit dem Unbekannten.

Dem Leben stellen bedeutet „Ja" zu sagen zum Leben mit all seinem Auf und Ab. Die innere Freude trägt den Menschen von einem Lernthema zum anderen.

Die erlernten Konzepte werden eingespeichert, hinterfragt und verworfen, um dann neu aufgesetzt zu werden.

Es braucht einen Bildungsweg, der Kindern und heranwachsenden Menschen einen Lebensweg aufzeigt, in dem sie mit beiden Beinen voll im Leben stehen.

Es braucht Formen der Begleitung, die ein offenes und breitgefächertes Lernen ermöglichen und Kinder zu verantwortungsbewussten, selbstdenkenden und selbstentscheidenden Lebewesen machen.

Die Bildung des einundzwanzigsten Jahrhunderts ist dann gelungen, wenn wir es schaffen, die Fähigkeiten jedes einzelnen Menschen zur vollen Entfaltung zu bringen.

Auch ist es wichtig, den jungen Menschen das Vertrauen in ihre eigenen Fähigkeiten zu lernen. So können sie ihr Genie und ihre Einzigartigkeit leben.

Bildung und Erziehung neu - ist im Aufbruch.

Es gibt niemanden, der den perfekten Weg kennt und es gibt niemanden, der den einzig perfekten Weg erschaffen hat.

Wenn wir einfach nur losgehen, es wagen aufzubrechen und Umbruch zuzulassen und wenn wir einander von "Mensch zu Mensch" und von "Herz zu Herz" begegnen, dann wird diese Zeit der Veränderung zu einer großartigen Neuentwicklung der Menschen und der Menschheit.

Wir können den Menschen wieder in den Mittelpunkt unseres Wertedenkens stellen.

Es ist eine Entscheidung, die wir heute treffen können.

Wir können diese Idee in die Bildung und Erziehung bringen und somit den Kindern dieses Gedankengut in die neue Zeit tragen lassen.

Machen Sie mit!
Wagen Sie es!
Brechen Sie auf!

ANHÄNGE

Anhang 1   *Das Gehirn*   Seite 85

Anhang 2   *Emotionales Wachsen von Anfang an*   Seite 89

Anhang 3   *Programmierungen können verändert werden*   Seite 91

Anhang 4   *Über Lelek*   Seite 95

Anhang 5   *Über die Autorin*   Seite 97

ANHANG 1
DAS GEHIRN

Das menschliche Gehirn besteht aus rund 100 Milliarden Nervenzellen. Jede dieser Zellen ist über mehrere hundert bis tausend Synapsen mit anderen Zellen verbunden.

Unser Denken, Handeln und Fühlen, aber auch unsere Organ- und Körperfunktionen werden durch die synaptische Informationsweitergabe gesteuert – in jeder Sekunde sind es viele Billiarden Impulse.

Damit dieser enorme Datenstrom in geregelten Bahnen läuft, gibt es aktive Synapsen, die Informationen zwischen Zellen weitergeben, und hemmende Synapsen, die den Informationsfluss eingrenzen und verändern.

- Entnommen von der Max Planck Gesellschaft

Gerald Hüther im Interview mit Zeit Online beschreibt es wie folgt:

Der Schatz an eigenen, bereits im Mutterleib gemachten Erfahrungen, den jedes Baby mit auf die Welt bringt, ist weitaus größer, als bisher angenommen.

Nicht nur die in den älteren Bereichen des Gehirns angelegten Nervenzellverschaltungen zur Steuerung aller lebenswichtigen Körperfunktionen sind zum Zeitpunkt der Geburt weitgehend ausgereift.

Auch die emotionalen Zentren, im sogenannten limbischen System sind schon gut entwickelt. Gefühle wie Angst oder Wohlbefinden kennt das Baby also schon.

Es hat bereits vor der Geburt gelernt, mit Armen und Beinen zu strampeln, sich zu drehen und zu wenden, Fruchtwasser in die Lunge zu saugen und wieder auszustoßen und sogar an seinem Daumen zu lutschen.

Die zur Koordination all dieser Bewegungen erforderlichen Nervenzellverschaltungen sind dabei nutzungsabhängig miteinander verknüpft und stabilisiert worden. Deshalb kennt das Baby also auch seinen Körper bereits recht gut.

Und es hat schon eine ganze Reihe Erfahrungen über die Welt „da draußen" gemacht und in seinem Gehirn als entsprechende Nervenzellverschaltungen *(Repräsentanzen)* verankert:

Es kennt die Stimme der Mutter *(und des Vaters)*, ihre Lieblingslieder und Lieblingsmusik und weiß wie die Mutter riecht *(weil die Duftstoffe und Aromen auch im Fruchtwasser enthalten waren)*.

Es mag das Schaukeln, das es schon kennt, ebenso wie den Rhythmus des Herzschlags, der ihm bestens vertraut ist.

Die höheren sehr langsam ausreifenden, vorderen Bereiche der Hirnrinde, des sog. Frontalhirns,, sind noch nicht „verkabelt". Deshalb „weiß" das Baby noch nicht, was es schon alles weiß.

Es heißt, dass sich das Gehirn anhand der Signalmuster strukturiert, die aus dem eigenen Körper, aus dem der Mutter und aus deren Lebenswelt dort ankommen.

Ein ungeborenes Kind, das besonders große Hände mit groben Fingern ausgebildet hat, dessen Gehirn spezialisiert sich anders als das eines Kindes, das kleine, schlanke Finger hat.

Ein Ungeborenes kann aber auch Erfahrungen im Mutterleib machen, die es später mit Gefühlen verknüpft, es zum

Beispiel anfällig für Angst machen. Wenn die Mutter Angst vor dem Vater hat, spürt der Fötus das.

Ihre Bauchdecke zieht sich während des Streits zusammen, Stresshormone werden ausgeschüttet, das Herz rast. Dabei wird das Kind zusammengedrückt, hört es die schnellen Herztöne und die laute Stimme des brüllenden Vaters.

Der Fötus erstarrt. Und diese Erfahrung wird im Gehirn abgespeichert.

Dabei findet eine Kopplung statt zwischen dem Zusammen-men-gedrückt-werden und der lauten Stimme des brüllenden Vaters. Nach der Geburt verfällt das Kind in eine ähnliche Erstarrung, wenn die Stimme des Vaters eine ähnliche Färbung annimmt.

Man kann sich das Gehirn wie eine Baustelle vorstellen. Nach der Geburt ist das Fundament schon gelegt. Das lässt sich nicht mehr einreißen.

Aber es kann natürlich auf dieser Baustelle zu jedem Zeitpunkt anders weitergebaut werden als bisher. In schon errichtete Mauern, lassen sich Fenster und Türen einbauen.

Neue Stockwerke können errichtet werden. Zu jedem Zeitpunkt kann man auch Kinder, die bisher eher ungünstige Entwicklungsbedingungen hatten, dazu anregen, neue Erfahrungen zu machen.

ANHANG 2

EMOTIONALES WACHSEN VON ANFANG AN

Ein Experiment an der Universität Yale[*] zeigt sehr klar auf, dass jeder Mensch vom ersten Tag an geprägt wird und diese Prägungen und Erfahrungen sofort Einfluss auf die Entwicklung von Kindern haben.

Das Experiment wurde mit sechs Monate alten Babys gemacht. Dabei wurden diese vor eine einfache Theaterbühne gesetzt. Die sechs Monate alten Babys beobachteten zwei Sequenzen.

> Sequenz 1:
> Ein kleines rotes rundes Männchen versuchte angestrengt einen kleinen Hügel hinaufzuklettern. Es wurde von einem anderen kleinen gelben dreieckigen Männchen unterstützt und geschoben.

> Sequenz 2:
> Ein kleines rotes rundes Männchen versuchte angestrengt einen kleinen Hügel hinaufzuklettern. Nun wurde es von einem kleinen blauen viereckigen Männchen hinuntergestoßen.

Nachdem die Babys die zwei Sequenzen gesehen hatten, durften sie sich eine der beiden Figuren aussuchen – entweder den Helfer oder den Stoßenden.

---

[*] *Dieses Experiment wird im Film Alphabet von Erwin Wagenhofer vorgestellt.*

Die sechs Monate alten Kinder haben überwiegend zum kleinen gelben dreieckigen Männchen gegriffen.

Das heißt: schon in den ersten sechs Lebensmonaten hat das Baby eine wesentliche Erfahrung aus seiner Umgebung gelernt.

„Ich bin umsorgt und mir wird geholfen."

Diese Erkenntnis drückt es in seiner Wahl der unterstützenden Figur aus. Erstaunlich ist auch, dass bereits ein halbes Jahr später viel mehr Kinder ganz andere Erfahrungen aus ihrer Umgebung aufgenommen hatten[*].

Die gleichen Kinder haben wieder die beiden Sequenzen beobachtet und als Einjährige greifen sie nun häufiger nach dem „Runter-Stoßer" also dem runterstoßenden, blauen, viereckigen Männchen.

Dieses Experiment zeigt sehr klar auf, welchen Einfluss die umgebenden Personen auf das neugeborene Menschenwesen und seine Entwicklung nehmen.

---

[*] *Prof. Dr. Gerald Hüther trägt mit seinen Vorträgen zur Bewusstseinserweiterung des Erkennens der Prägung in den ersten Lebensjahren bei. Als Wissenschaftler zeigt er eine Ebene des Verstehens auf, die Menschen in der Alternativpädagogik zwar schon lange beobachten, und nun durch seine wissenschaftlichen Ansätze bekräftigt finden.*

ANHANG 3

PROGRAMMIERUNGEN KÖNNEN VERÄNDERT WERDEN

Wenig umstritten war lange Zeit die Annahme, dass ein Kind, das von den Eltern wenig Liebe und Zuwendung bekommen hat, womöglich sogar Vernachlässigung und Misshandlung ausgesetzt war, im späteren Leben Schwierigkeiten in Beziehungen mit anderen haben wird.

Wer als Kind nicht geliebt wurde, der kann als Erwachsener weder sich selbst noch andere lieben, das galt quasi als Naturgesetz. Vor allem in populärpsychologischen Veröffentlichungen wird diese These nach wie vor gern verbreitet.

In der wissenschaftlich fundierten Psychologie bekam dieses Bild in den vergangenen Jahren jedoch Risse.

Aus der Bindungsforschung liegen mittlerweile mehrere Studien vor, in denen es nicht gelang zu belegen, dass Beziehungsmuster aus der frühen Kindheit im Erwachsenenalter unverändert fortgesetzt werden.

In diesem Forschungsansatz wird zwischen sicheren, ängstlichen und vermeidenden Bindungen unterschieden.

Sichere Bindungen sind durch Nähe und Vertrauen gekennzeichnet, ängstliche durch unrealistische Ängste in der Beziehung und das Gefühl eigener Minderwertigkeit, und vermeidende durch Kälte und Distanz.

Die neueren Studien haben gezeigt, dass Menschen das Bindungsmuster, das in der Kindheit in der Beziehung zu den Eltern gelebt wurde, nicht unbedingt als Erwachsene fortsetzen.

Eine sichere Bindung an die Eltern ist zwar eine gute Voraussetzung dafür, im Erwachsenenalter ebenfalls sichere Bindungen an den Partner und an eigene Kinder aufzubauen, und ängstliche und vermeidende Bindungen sind diesbezüglich eher von Nachteil, doch es gibt viele, die das Bindungsmuster der Kindheit im späteren Leben nicht beibehalten.

Wer als Kind sicher an die Eltern gebunden war, hat als Erwachsener nicht immer glatt verlaufende, glückliche Partnerschaften, und umgekehrt gelingt es einem Teil derjenigen, deren Bindung an die Eltern ängstlich oder vermeidend war, die schlechten Erfahrungen abzuschütteln und als Erwachsener glückliche Beziehungen aufzubauen.

Faszinierend und rätselhaft sind die zuletzt genannten. Die Bezeichnung ist fast selbst erklärend: Diese Menschen haben das Gefühl von Sicherheit in engen Beziehungen nicht von den Eltern vermittelt bekommen, sondern sie haben es sich selbst erarbeitet.

Unter denjenigen, die in der Kindheit eine schlechte Beziehung zu den Eltern hatten, sind sie eine Minderheit. Die meisten setzen leider das fort, was sie selbst als Kinder erlebt haben.

Dennoch gibt es immer wieder Menschen, die dieses Schicksal durchbrechen, die als Erwachsene die Liebe suchen und finden, die sie als Kinder entbehren mussten.

Zwei aktuelle Studien der Bindungsforschung konnten Antworten finden auf die Frage, was diese Menschen dazu befähigt, trotz widriger Bedingungen in der Kindheit zu psychisch gesunden Erwachsenen mit sicheren Bindungen an andere zu werden.

Saunders und ihre Mitautorinnen *(2011)* beschäftigten sich mit äußeren Faktoren, die zu erarbeitender Sicherheit führen können. Sie fanden zwei Bedingungen, die im Leben dieser Menschen häufig erfüllt waren: Bei vielen gab es eine sogenannte alternative Bindungsfigur.

Das heißt, diese Menschen hatten zwar schlechte Beziehungen zu beiden Elternteilen, doch es gab eine andere Person, die dem Kind emotionale Wärme und Geborgenheit vermittelte.

Meistens war dies jemand aus der Familie, zum Beispiel die Großmutter; es konnte aber auch eine andere Person sein, mit der das Kind häufig Kontakt hatte, zum Beispiel eine Lehrerin oder ein Trainer.

Es scheint so zu sein, dass es für den Erwerb des Gefühls von Sicherheit in engen Beziehungen reicht, wenn eine Person da ist, die dem Kind dieses Gefühl vermittelt, und diese Person muss nicht die Mutter oder der Vater sein.

Eine weitere Bedingung, die im Leben der erarbeiteten Sicherheiten häufig erfüllt war, bestand darin, dass sie sich psychotherapeutische Hilfe gesucht hatten.

Die Psychotherapie war besonders wirksam, wenn es sich nicht nur um eine Kurzzeitberatung gehandelt hatte, sondern um eine Behandlung über einen längeren Zeitraum.

Auch wenn die Wirksamkeit von Psychotherapie immer wieder kritisch hinterfragt wird: Diese Methode scheint zu wirken, wenn es darum geht, schlechte Erfahrungen mit den Eltern in der Kindheit aufzuarbeiten.

Menschen mit sicheren Beziehungen heben sich nicht nur durch äußere Faktoren von denen ab, die in schlechten Kindheitserfahrungen verhaftet bleiben. Sie haben auch eine andere Art des Fühlens und Denkens in engen Beziehungen. Mit inneren Prozessen, die zu erarbeiteter Sicherheit führen können, beschäftigten sich McCarthy und Maughan *(2010)*.

Sie stellen fest, dass Menschen, die schlechte Erfahrungen gut verarbeitet haben, in folgender Weise denken und fühlen: Sie erkennen an, dass es die schlechten Erfahrungen gegeben hat, und ordnen diese angemessen ein.

Das heißt, sie sind sich darüber im Klaren, dass sie in der Kindheit eine schlechte Beziehung zu den Eltern hatten. Die Erinnerung daran verdrängen sie nicht, sie lassen sich aber auch nicht davon beherrschen.

Sie haben im Umgang mit den Erinnerungen sozusagen einen guten Mittelweg gefunden. Sie erkennen weiterhin an, dass die Beziehungserfahrungen der Kindheit zu ihnen gehören, dass sie zu einem Teil ihres Selbst geworden sind.

Schließlich haben sie trotz ihrer negativen Erinnerungen ein positives Bild von Beziehungen, das heißt sie halten enge Beziehungen in ihrem Leben für wichtig und glauben daran, dass sie dort Liebe und Geborgenheit finden können.

Die Botschaften der beiden zitierten Studien sind durchwegs positiv. Die Befunde zeigen, dass eine schwierige Eltern-Kind-Beziehung nicht unvermeidbar zu Beziehungsstörungen im späteren Leben führen muss.

Eine schwierige Kindheit ist kein Fluch, der nicht mehr abgeschüttelt werden kann. Es gibt vielmehr Wege, die zu glücklichen und erfüllten Beziehungen im Erwachsenenleben führen können.

ÜBER LELEK

Wir glauben fest daran, dass ALLES was wir tun das Potenzial hat:

- Jede einzelne Person in ihrem Bewusst-sein zu erweitern und dadurch zu neuen Wegen zu begleiten.
- Familien zusammenzuführen und zu einem achtsameren Miteinander zu begleiten.
- Pädagogische Fachkräfte in dem, was sie bereits wahrnehmen zu stärken und zum nächsten Schritt zu begleiten.
- Unsere Gesellschaft wesentlich zu beeinflussen und eine neue Weltbetrachtung anzuregen.

Die Form, wie wir Ihnen dies ermöglichen ist, indem wir

- ihrem bereits vorhandenen Wissen neue Möglichkeiten und Ideen über Erziehung, Bildung und Menschlichkeit hinzufügen.
- Ihnen Konzepte und Techniken vorstellen, die leicht erlernbar und einfach anzuwenden sind.
- Ihnen Ihren persönlichen Entwicklungsweg ermöglichen und zugestehen, aber Nahrung für das Herz, den Verstand und die Seele auf diesen Weg mitgeben.

Unsere Ideen, Techniken, Methoden und Ideologien stellen wir Ihnen täglich 24 Stunden zur Verfügung.

Wir haben uns entschieden diese Informationen via **Internet** und **Bücher** zu Ihnen direkt nach Hause zu bringen oder in **Live-Seminarangeboten** mit Ihnen persönlich zu diskutieren und zu reflektieren.

Bildung & Erziehung im Aufbruch

ÜBER DIE AUTORIN

Marion *Elisabeth* Hopfgartner hat im Jahr 1997 die Ausbildung zur Diplomierten Kindergartenpädagogin und Horterzieherin abgeschlossen. In ihrer beruflichen Laufbahn hat das Leben sie zu drei große Lebensabschnitten gebracht:

1. Die pädagogische Arbeit in der Begleitung und Betreuung von Kindern.
2. Die Arbeit im Management und Leadership durch die Beratung, Umstrukturierung, dem Neuaufbau und Berufscoaching von kleinen und großen Betrieben sowie von verschiedenen Kinderbetreuungseinrichtungen.
3. Die Arbeit als Trainerin in der Erwachsenenbildung im Bereich Pädagogik, Persönlichkeitsentwicklung, Mentaltraining und spirituell, meditativer Techniken.

In den letzten sechzehn Jahren hat sie sich in all diesen Teilbereichen immer mehr den alternativen Techniken zugewandt.

Sie konnte immer stärker wahrnehmen, dass es sowohl im Business, als auch in der Erziehung und Bildung und in der Arbeit mit Erwachsenen neue Wege braucht.

Den "Change" einleiten!

Transformativ arbeiten!

Das sind Leitsätze ihrer täglichen Arbeit und so hat sie 2013, einem inneren Ruf folgend "Lelek" ins Leben gerufen.

Heute ist Lelek ein Verein, der alternative Wege in der Pädagogik, der Persönlichkeitsentwicklung und der Wirtschaft vermittelt.

Es baut auf fünf Grundpfeiler auf:

    L = Lebensnah entwickeln

    E = Erkennen von Stärken

    L = Leichtigkeit durch Vielfalt

    E = Erfahrungen sammeln

    K = Kind-bewusst agieren!

Die Plattform www.lelek-edu.net soll Menschen eine Eintrittspforte für alternative Wege bieten.

Unternehmer, Vortragende und Pioniere können bei "Lelek" ihr Wissen als Online-Workshops einbringen, oder im Live-Veranstaltungskalender ihre Angebote bewerben.

Eltern und pädagogische Fachkräfte können Kurse online oder live buchen, aber auch kostenlose Information auf dieser Website *(im Menüpunkt "Information")* über alternative Wege erhalten.

Werden Sie ein Teil des "Changes"

Klicken Sie jetzt für transformatives Arbeiten:

    www.lelek.at, www.lelek-edu.net, www.marionsinfo.net

Von Mensch zu Mensch begegnen

PERSÖNLICHE NOTIZEN

PERSÖNLICHE NOTIZEN

www.ingramcontent.com/pod-product-compliance
Lightning Source LLC
Chambersburg PA
CBHW042340150426
43196CB00001B/4